AF222327

Piano · Klavier

Hans-Günter Heumann

The Entertainer

100 unterhaltsame Klavierstücke von Klassik bis Pop
100 Entertaining Piano Pieces from Classical Music to Pop
100 pièces divertissantes pour piano du classique à la pop

Herausgegeben und bearbeitet von / Edited and arranged by
Edité et arrangé par
Hans-Günter Heumann

leicht / easy / facile

ED 22600
ISMN 979-0-001-16157-2
ISBN 978-3-7957-1066-8

www.schott-music.com

Mainz · London · Berlin · Madrid · New York · Paris · Prague · Tokyo · Toronto
© 2016 SCHOTT MUSIC GmbH & Co. KG, Mainz · Printed in Germany

Inhalt / Contents / Contenu

Song Highlights
Blues, Gospel, Folk

The Entertainer

aus dem Film „Der Clou" / from the Film "The Sting" / extrait du film "L'arnaque"

Scott Joplin
Arr.: Hans-Günter Heumann

D.S. al Coda

Amazing Grace

Traditional / England / L'Angleterre
Words: John Newton (1725-1807)
Arr.: Hans-Günter Heumann

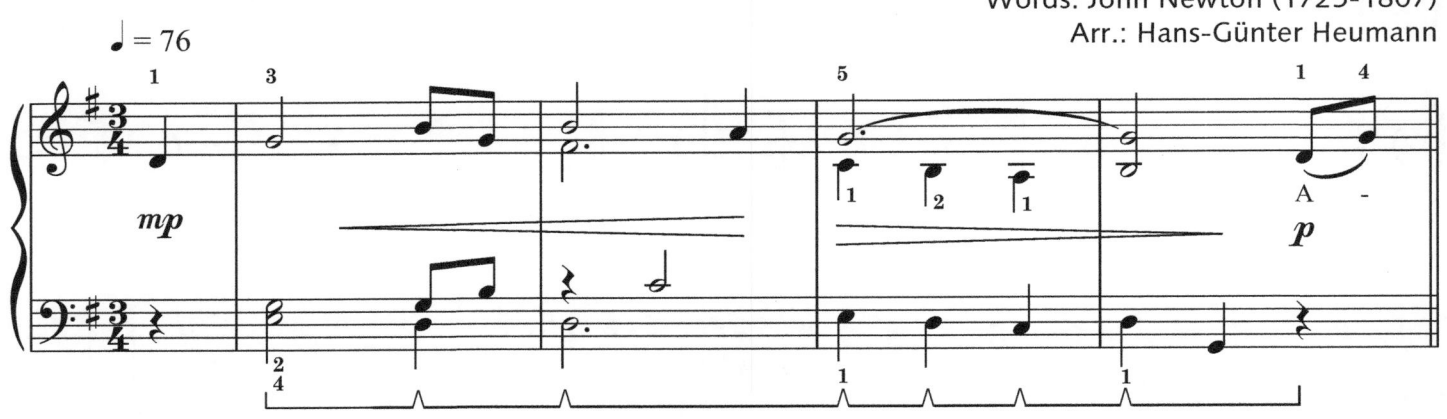

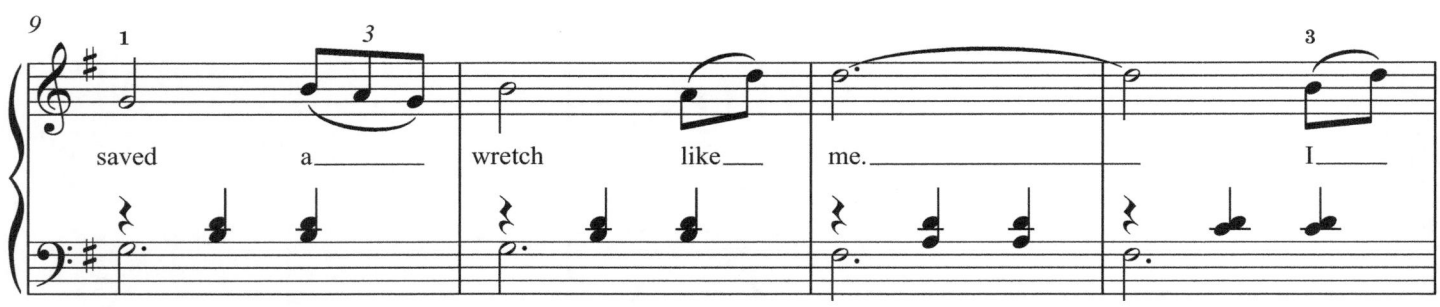

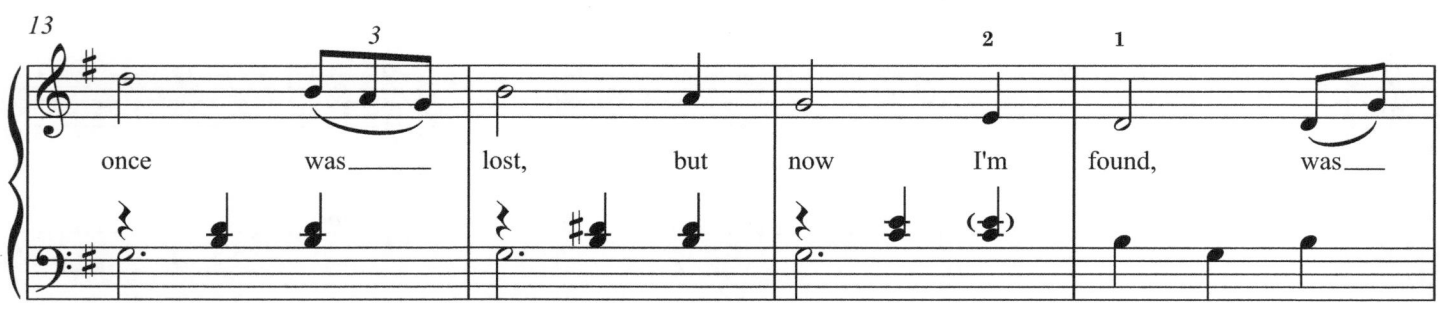

blind   but____   now   I   see.____

As Time Goes By
aus dem Film / from the Film / extrait du film "Casablanca"

Herman Hupfeld
Arr.: Hans-Günter Heumann

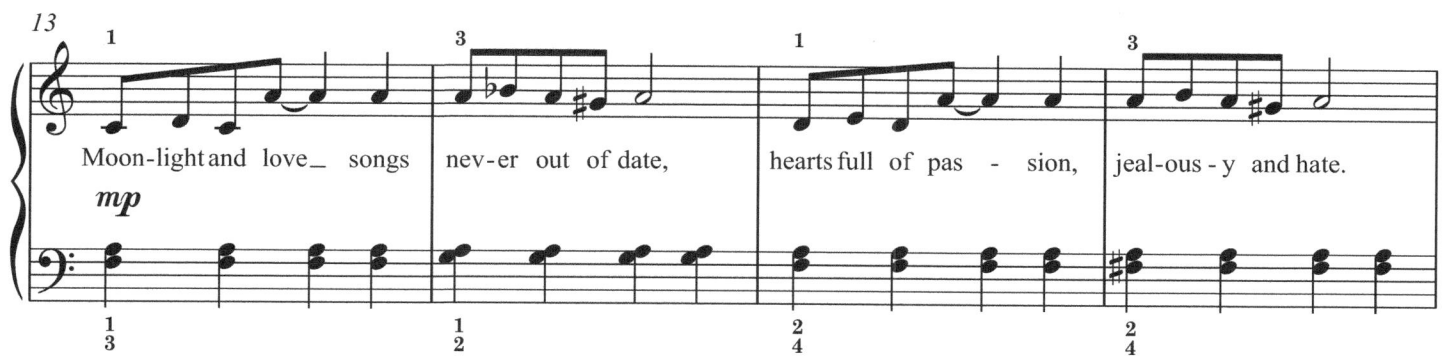

Moon-light and love_ songs nev-er out of date, hearts full of pas - sion, jeal-ous-y and hate.

mp

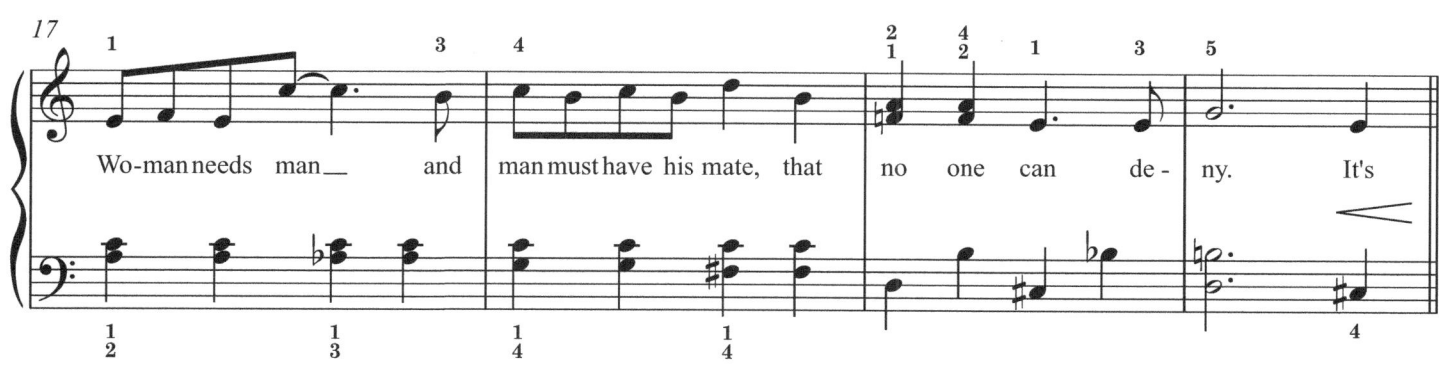

Wo-man needs man_ and man must have his mate, that no one can de - ny. It's

still the same old sto-ry a fight for love and glo-ry, a case of do or die! The

mf

rit.

world will al - ways wel - come lov - ers, as time goes by.

pp

A Whiter Shade of Pale
Procol Harum

Gary Brooker, Keith Reid, Matthew Fisher
Arr.: Hans-Günter Heumann

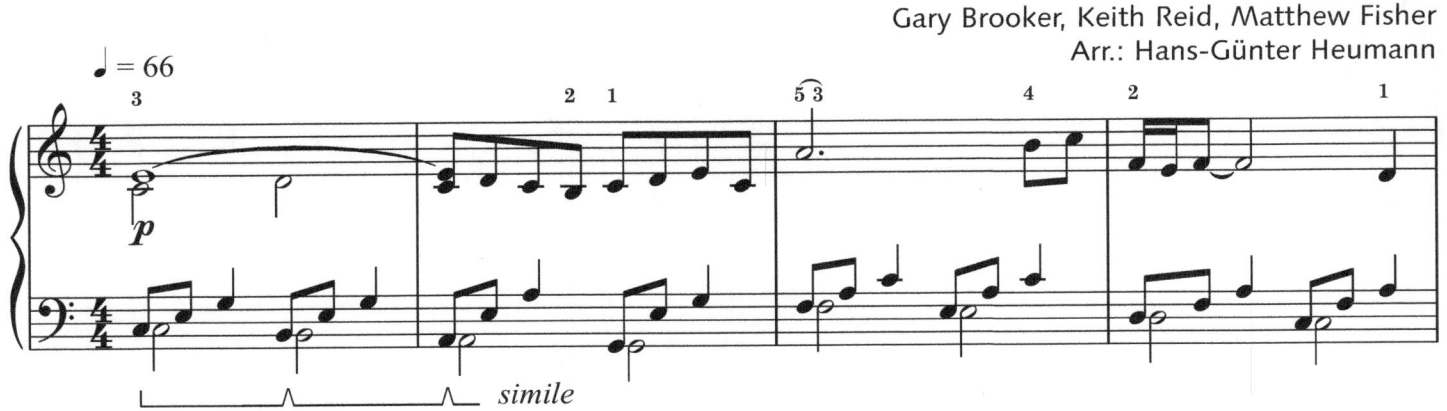

We skipped the light __ fan- dan- go, __ and turned cart-wheels 'cross the floor. __
She said, "There is __ no rea-son, __ and the truth is plain to see." __

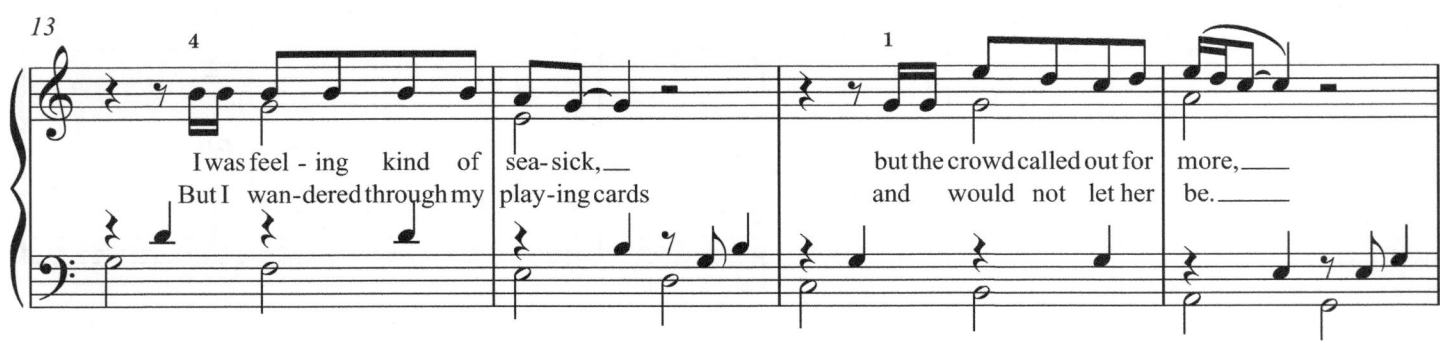

I was feel-ing kind of sea-sick, __ but the crowd called out for more, __
But I wan-dered through my play-ing cards and would not let her be. __

Ballade pour Adeline
Richard Clayderman

Paul de Senneville
Arr.: Hans-Günter Heumann

simile

Comptine d'un autre été: l'après-midi

aus dem Film / from the Film / extrait du film „Amélie"

Yann Tiersen
Arr.: Hans-Günter Heumann

To Coda

D.S. al Coda
con ripetizione

Coda

House of the Rising Sun
The Animals

Traditional / USA
Arr.: Hans-Günter Heumann

Le Rêve
Ricky King

Traditional
Arr.: Hans-Günter Heumann

Mad World
Michael Andrews feat. Gary Jules

Roland Orzabal
Arr.: Hans-Günter Heumann

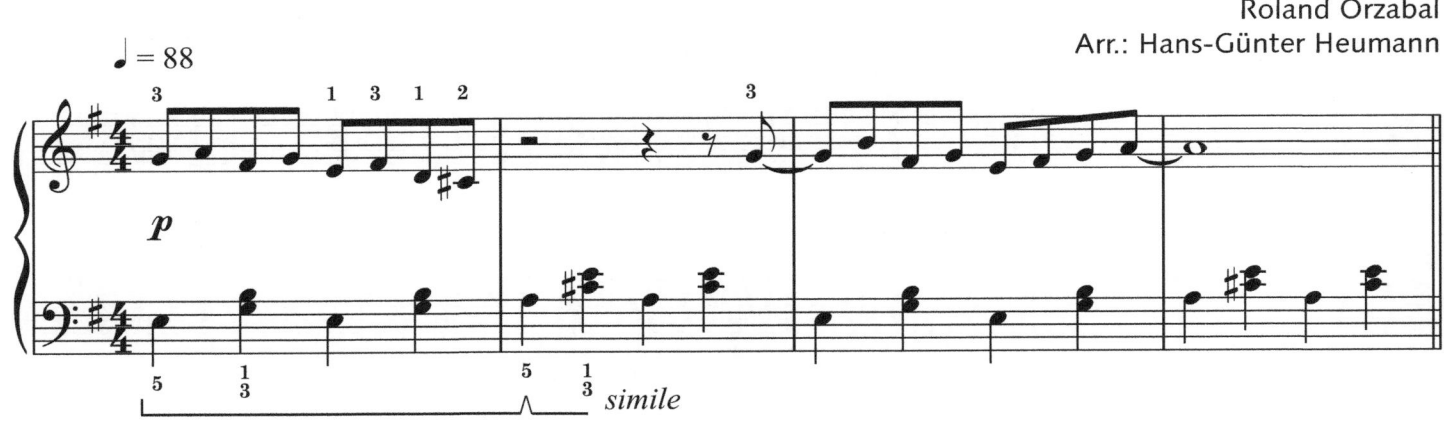

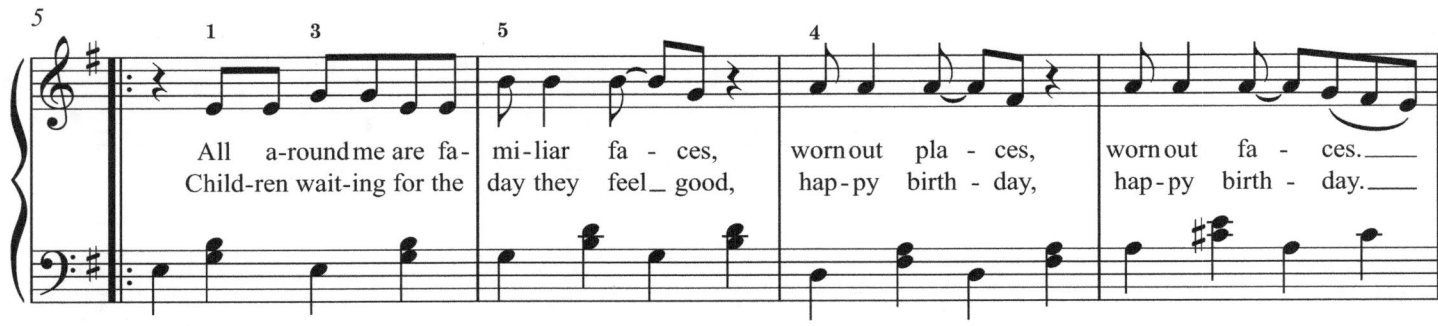

All a-round me are fa - mi-liar fa - ces, worn out pla - ces, worn out fa - ces.___
Child-ren wait-ing for the day they feel_ good, hap-py birth - day, hap-py birth - day.___

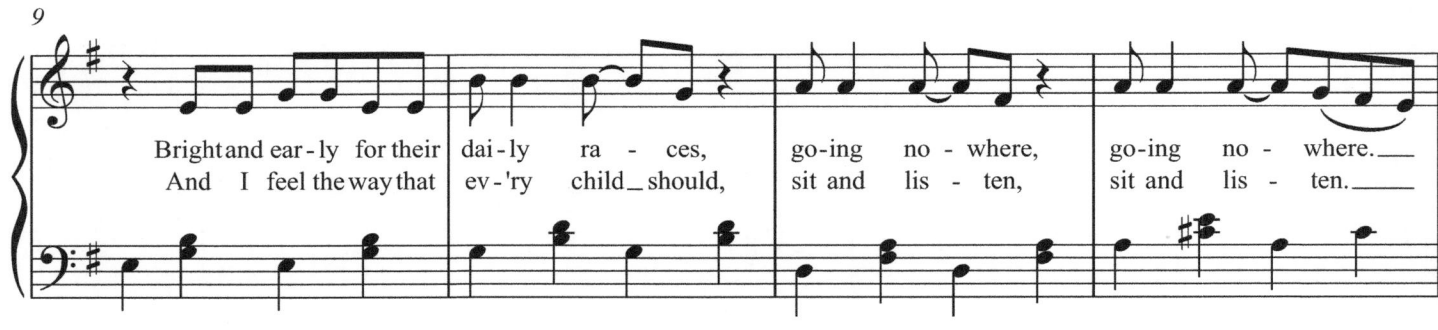

Bright and ear-ly for their dai-ly ra - ces, go-ing no - where, go-ing no - where.___
And I feel the way that ev-'ry child_ should, sit and lis - ten, sit and lis - ten.___

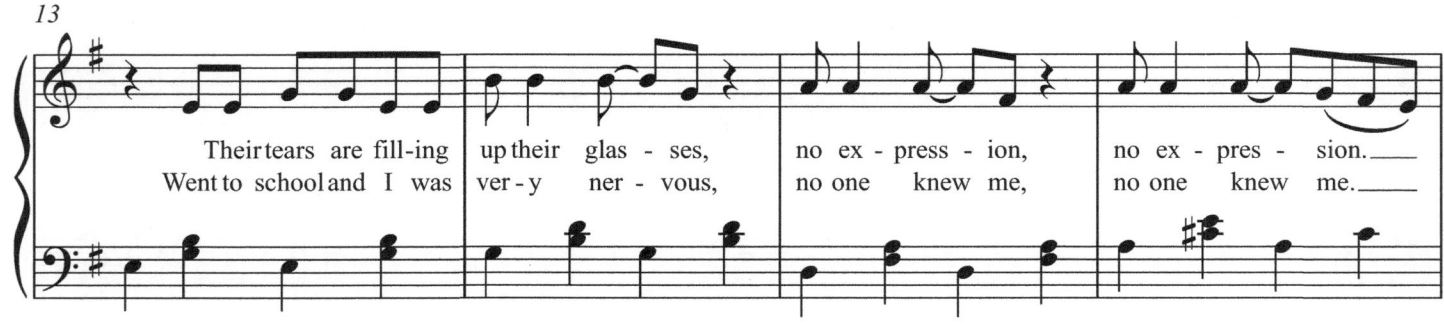

Their tears are fill-ing up their glas - ses, no ex - pres - ion, no ex - pres - sion.___
Went to school and I was ver-y ner - vous, no one knew me, no one knew me.___

Memory
aus / from / de: Musical "Cats"

Andrew Lloyd Webber, Trevor Nunn, T. S. Eliot
Arr.: Hans-Günter Heumann

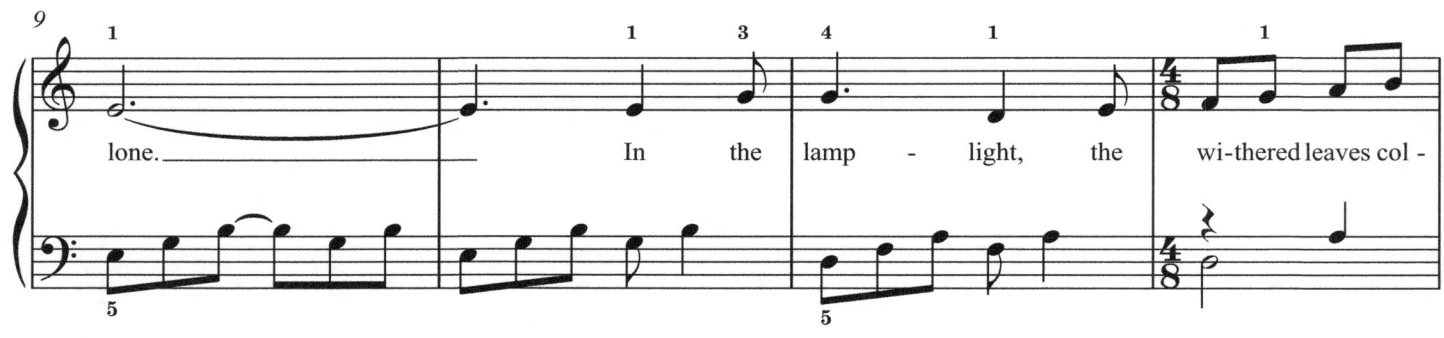

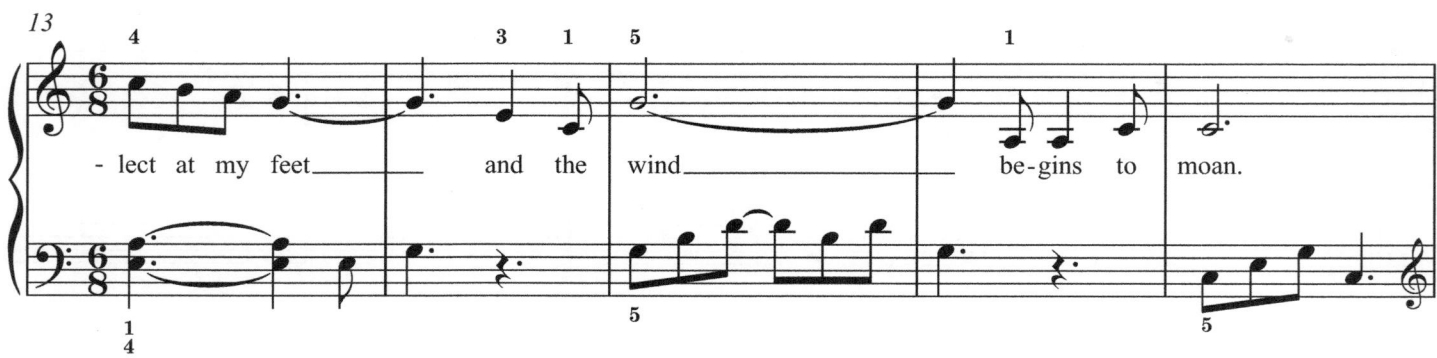

Mem - 'ry._____ All a-lone in the moon - light_____ I can smile at the

old days,_____ I was beau - ti - ful then._____ I re -

mem - ber the time I knew what hap - pi - ness was,_____ let the

mem - - 'ry_____ live a - gain.

Ev - 'ry street lamp seems to beat_____ a
Burnt out ends of smo - ky days_____ the

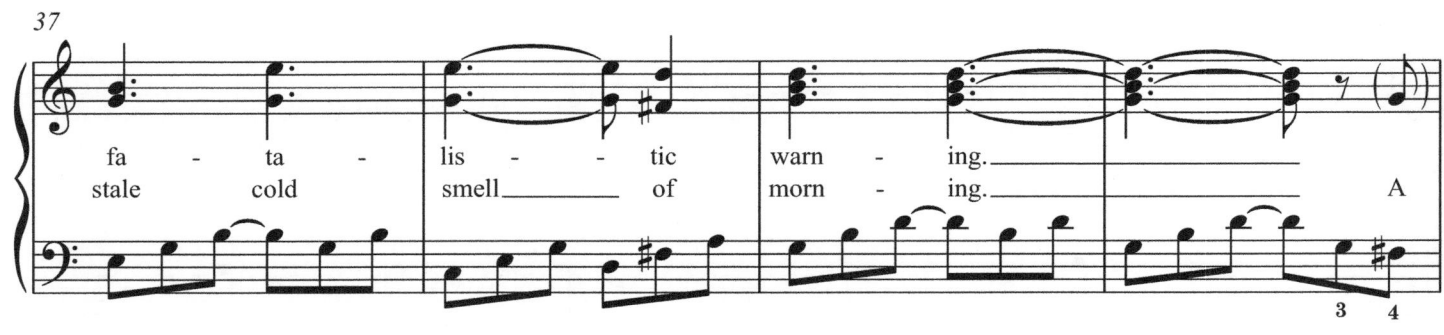

fa - ta - lis - - tic warn - ing._____
stale cold smell_____ of morn - ing._____ A

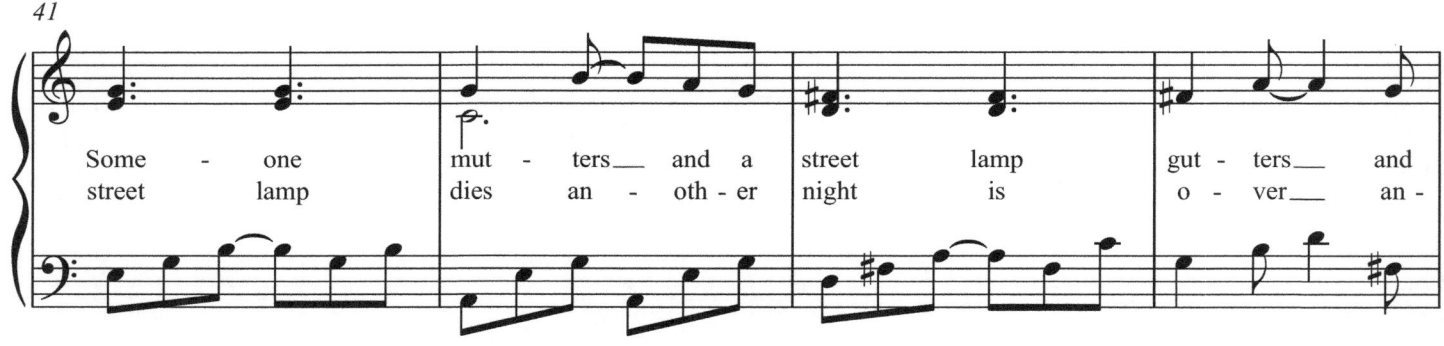

Some - one mut - ters___ and a street lamp gut - ters___ and
street lamp dies an - oth - er night is o - ver___ an -

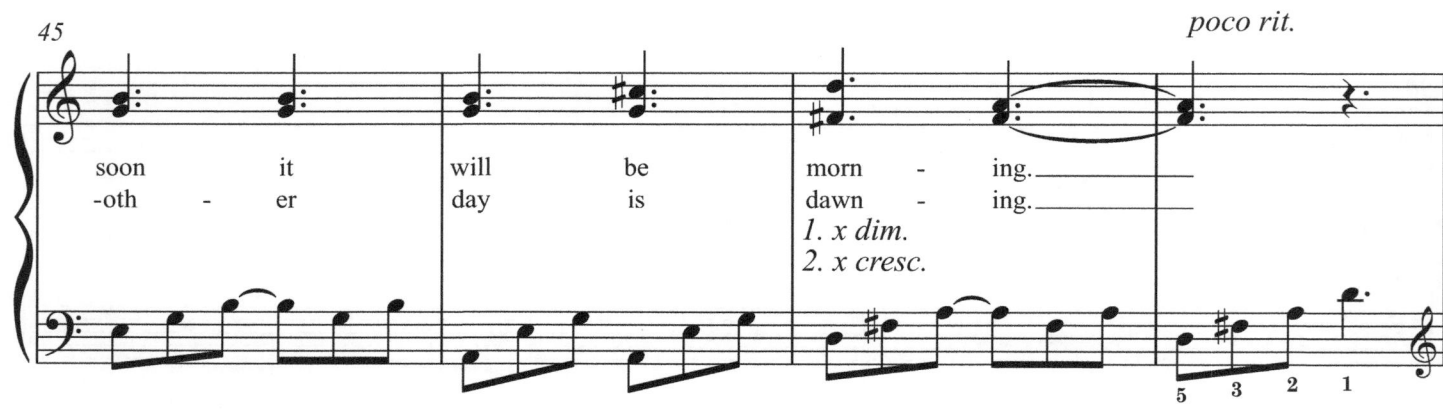

soon it will be morn - ing._____
-oth - er day is dawn - ing._____

1. x dim.
2. x cresc.

23

Midnight Special
Creedence Clearwater Revival

Traditional / USA
Arr.: Hans-Günter Heumann

Let the mid-night spe - cial shine her light on me, let the mid-night

spe - cial shine her e - ver lov-ing light on me.____ Well it's on the

tab - le knife, a fork, a pan, if you say a thing a-

bout it you're in trou-ble with the man.____

Modern Waltz

Hans-Günter Heumann

Morning Melody

Traditional
Gälische Melodie / Gaelic Melody
Arr.: Hans-Günter Heumann

My Bonnie Lies Over the Ocean

Traditional
Schottland / Scotland / L'Écosse
Arr.: Hans-Günter Heumann

My Heart Will Go On

aus dem Film / from the Film / extrait du film "Titanic"
Celine Dion

James Horner, Will Jennings
Arr.: Hans-Günter Heumann

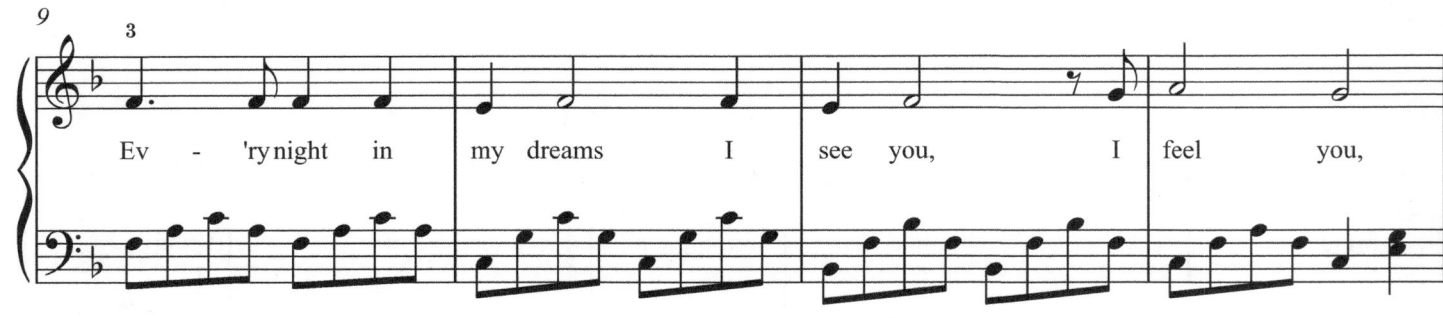

Ev - 'rynight in   my dreams   I   see you,   I   feel   you,

that   is how   I   know you   go   on.

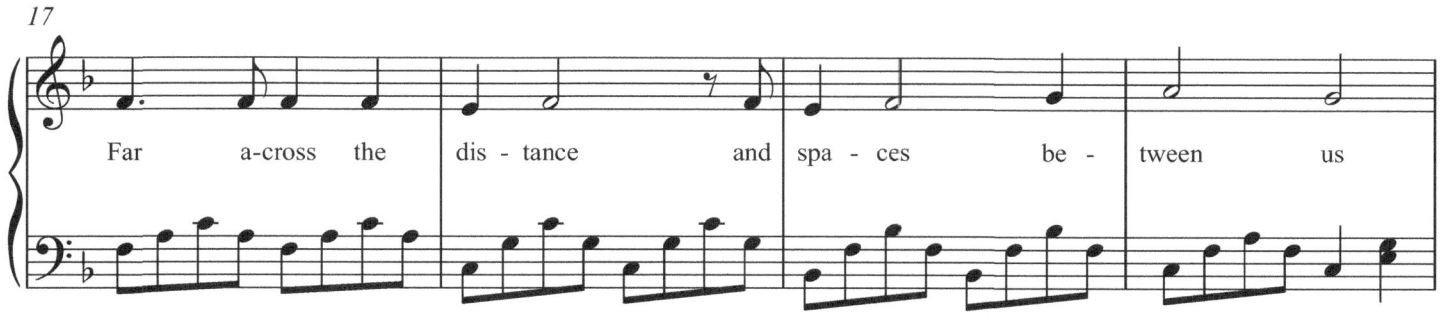

Far a-cross the dis - tance and spa - ces be - tween us

you have come to show you go on.

Near, far, wher - ev - er you are, I be -

lieve that the heart does go on.

Once more, you o - pen the door_____ and you're

here in my heart, and my heart will go on and

on.

Lyrics:
You're here, there's noth-ing I fear, and I know that my heart will go on.

We'll stay for-ev-er this way, you are safe in my heart, and my heart will go on and on.

My Way
Comme d'habitude
Frank Sinatra

Jacques Revaux, Claude François,
Gilles Thibaut, Paul Anka
Arr.: Hans-Günter Heumann

To Coda ⊕

Coda ⊕

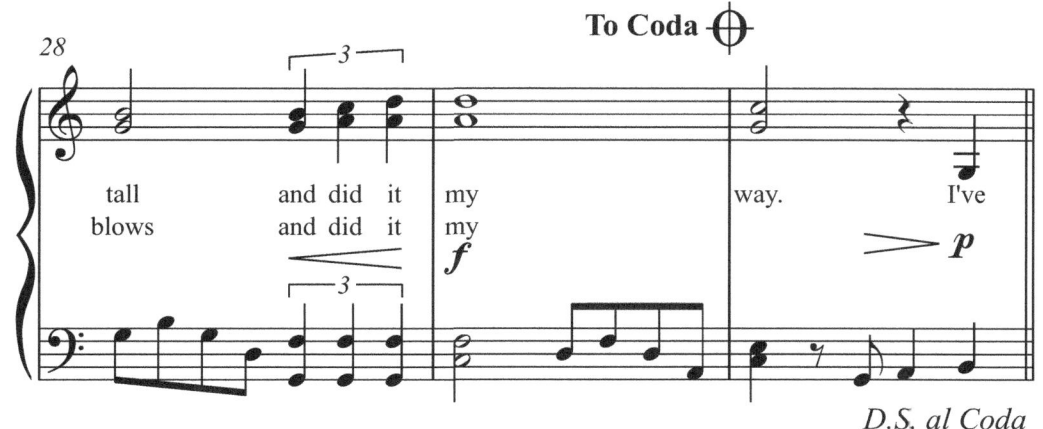

D.S. al Coda

New Age
Marlon Roudette

Guy Chambers, Marlon Roudette
Arr.: Hans-Günter Heumann

If love was a word,___ I don't un-der-stand.___

The sim - pl - est sound,___ four let-ters.

Are you lov-ing the pain,___ lov-ing the pain?_

And with ev - e - ry day,___ ev - e - ry day_

41

Satin Doll
Duke Ellington

Johnny Mercer, Duke Ellington, Billy Strayhorn
Arr.: Hans-Günter Heumann

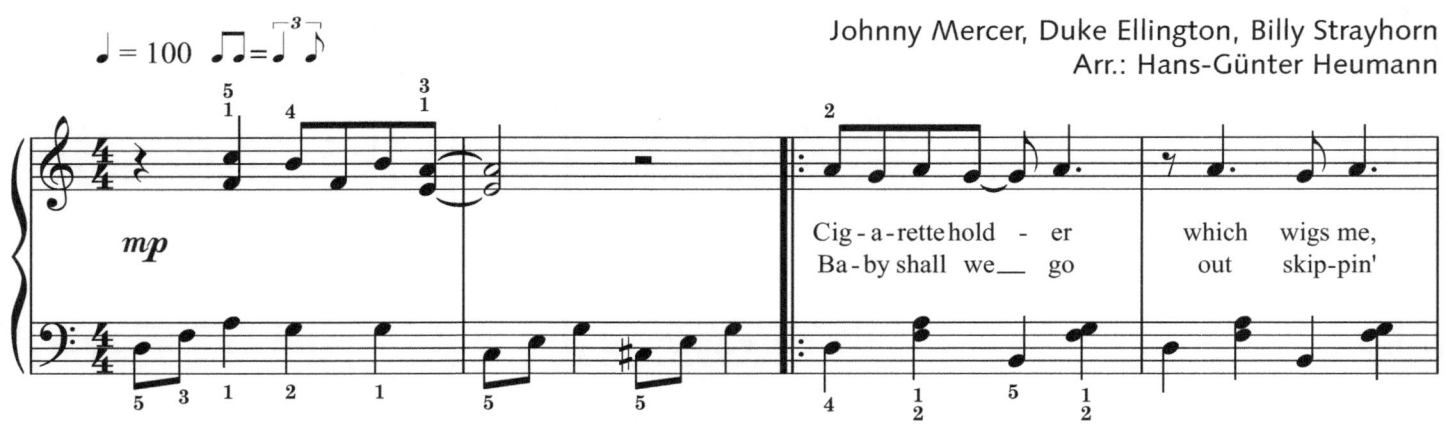

Cig - a - rette hold - er   which   wigs me,
Ba - by shall we__ go   out   skip-pin'

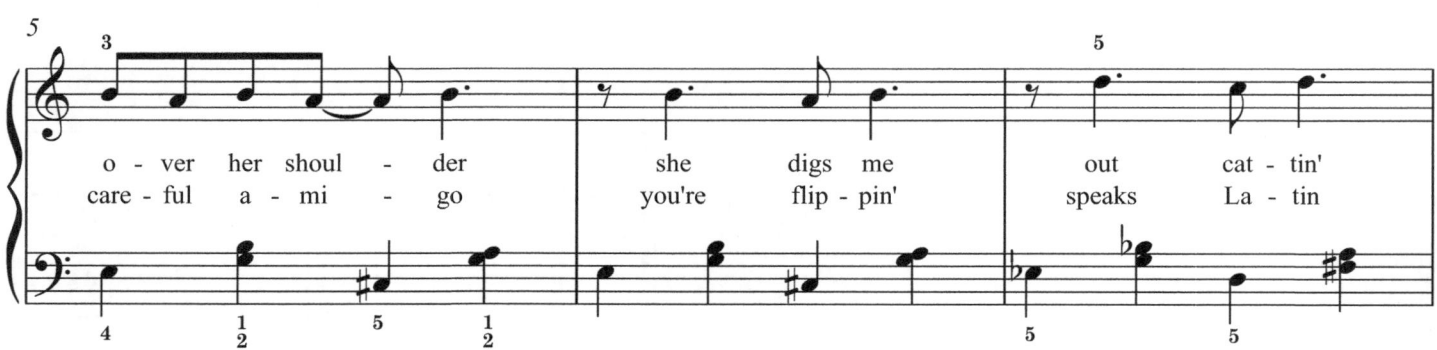

o - ver her shoul - der   she   digs me   out   cat-tin'
care - ful a - mi - go   you're   flip - pin'   speaks   La - tin

that   Sat - in   Doll.
that   Sat - in   Doll.

She's   no - bod-y's fool, so I'm   play-ing it cool as can be,__

I'll give it a whirl, but I ain't for no girl catch-ing me.

Tel - e - phone num - bers
mp

well you know, do - ing my rhum - bas with u - no,

and that 'n' my Sat - in Doll.
p

Scarborough Fair

Traditional / England / L'Angleterre
Arr.: Hans-Günter Heumann

Seeker After Truth

Hans-Günter Heumann

D.C. al Coda
con ripetizione

Song of Hope

Rainer Mohrs
*1953

Moderato ♩ = 108

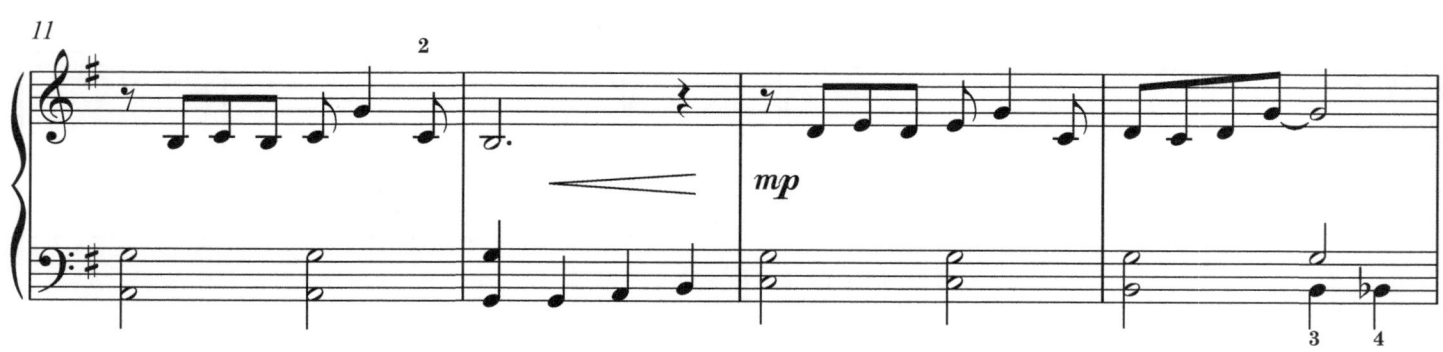

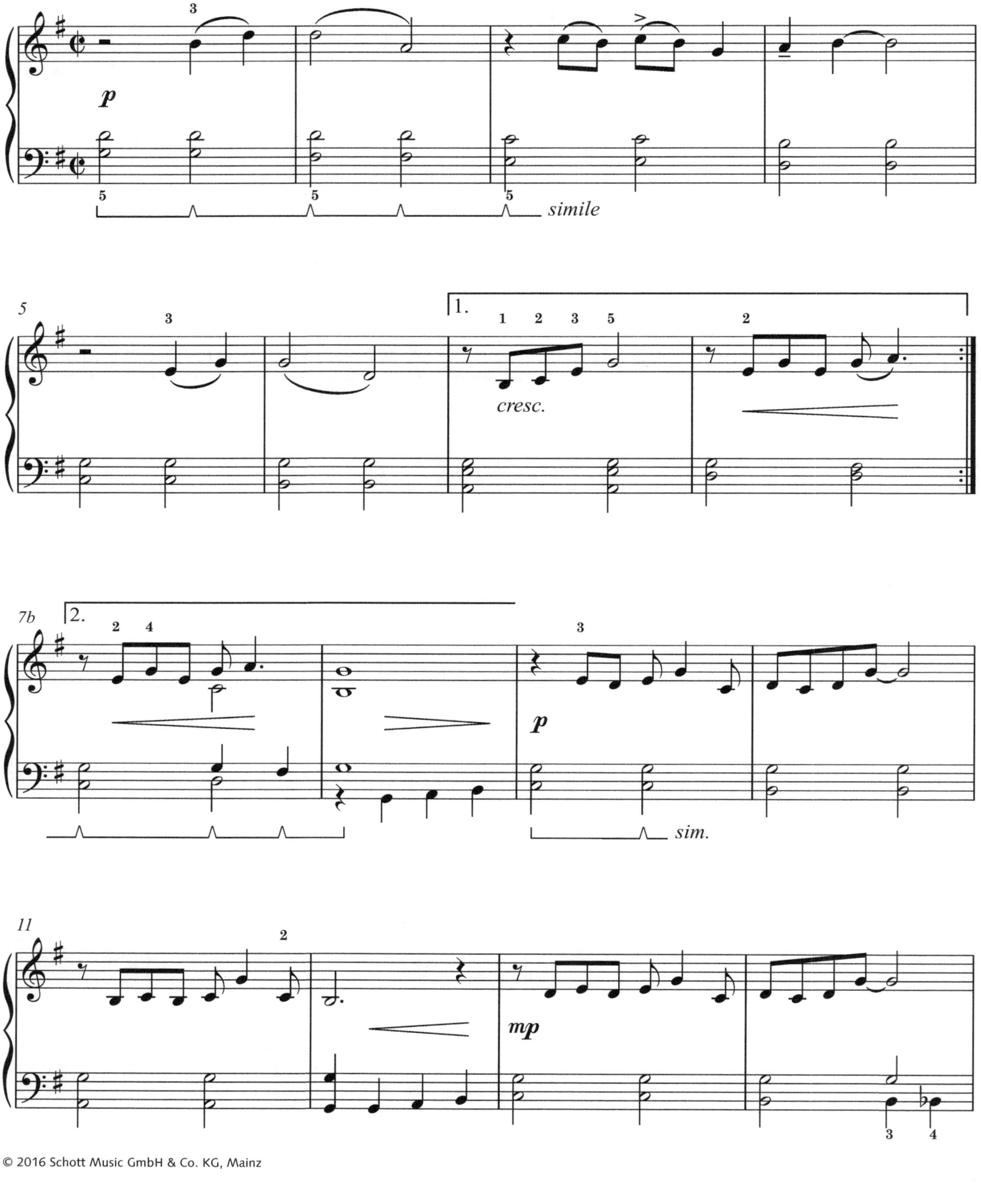

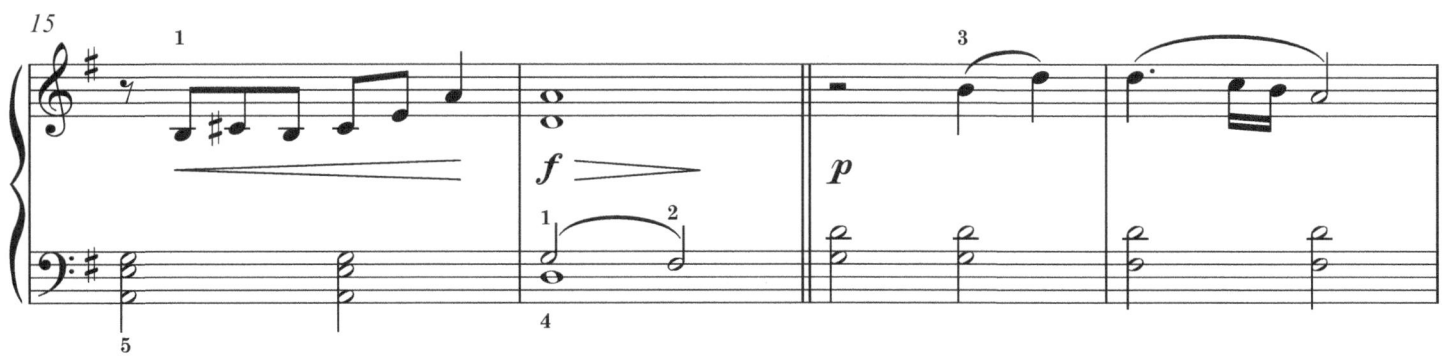

St. Louis Blues

Bessie Smith / Louis Armstrong

William Christopher Handy
Arr.: Hans-Günter Heumann

I hate to see___ de ev'-nin' sun go down,___

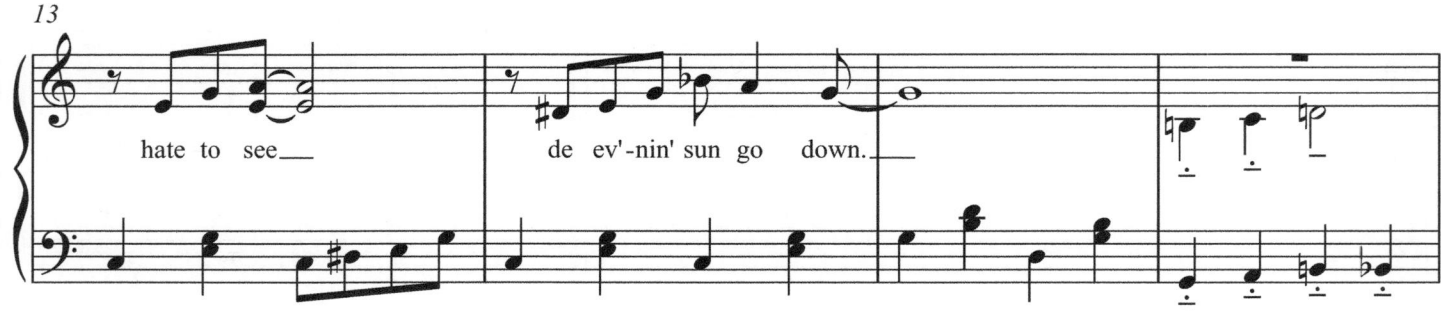

hate to see___ de ev'-nin' sun go down.___

'Cause my ba - by,___ he done lef dis town.___

Feel-in' to-mor - row lak___ Ah feel to - day,___

feel to-mor - row lak___ Ah feel to - day.___

I'll pack my trunk___ make ma get a - way.___ St. Lou-is

wo - man___ wid her dia - mon' rings, pulls dat

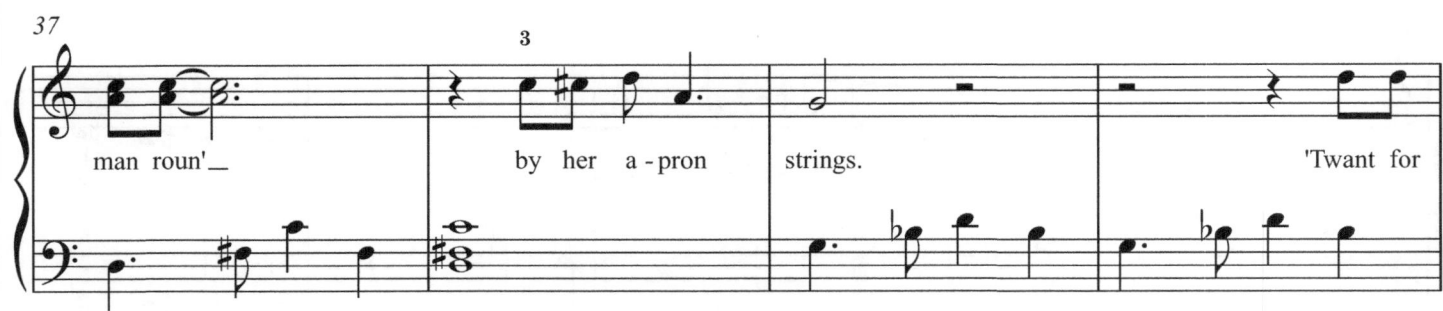

man roun'___ by her a-pron strings. 'Twant for

pow-der___ an' for store___ bought hair de

man I love___ would not gone no - where.___ Got de

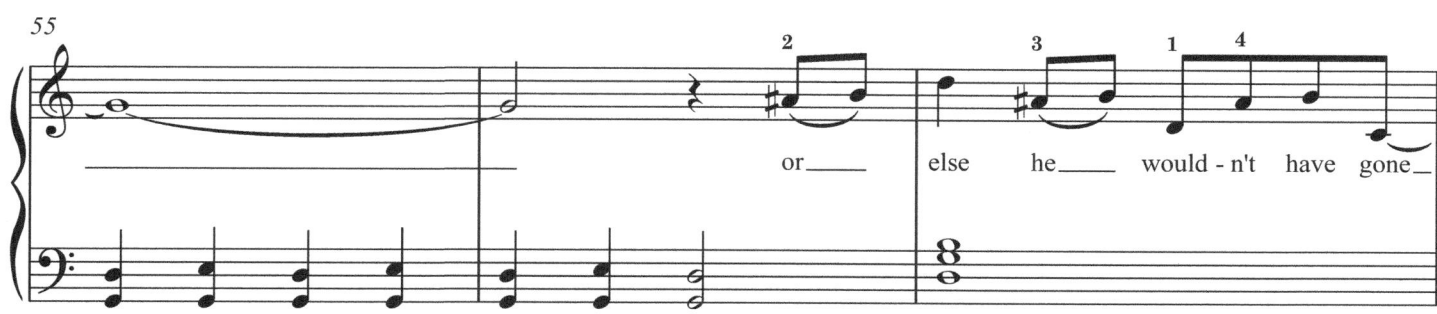

St. Lou - is Blues jes as blue as____ Ah____ can be,____

____ dat____ man got a heart lak a rook cast____ in the____ sea____

_____ or____ else he____ would - n't have gone____

____ so____ far____ from____ me.____

rit.

sf *p*

Take Five
Dave Brubeck

Paul Desmond
Arr.: Hans-Günter Heumann

The Easy Winners
Ragtime

Scott Joplin
Arr.: Hans-Günter Heumann

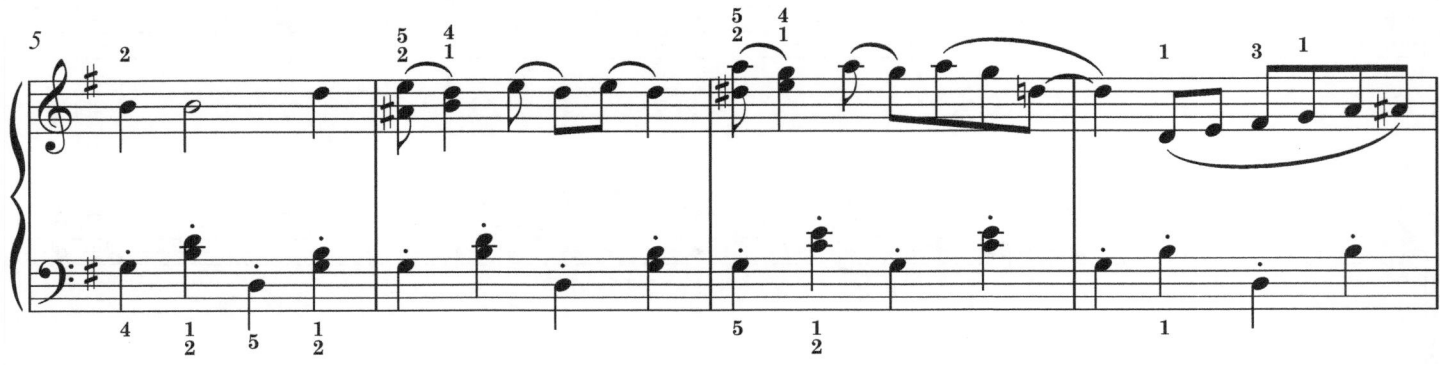

55

The Man I Love

aus / from / de: Musical "An American in Paris"

George Gershwin, Ira Gershwin
Arr.: Hans-Günter Heumann

Some-day he'll come a - long,
He'll look at me and smile,
the man I love;
I'll un - der-stand;
And he'll be big and strong,
And in a lit - tle while,

the man I love;
he'll take my hand;
And when he comes my way,
And though it seems ab - surd,
I'll do my best to
I know we both won't

simile

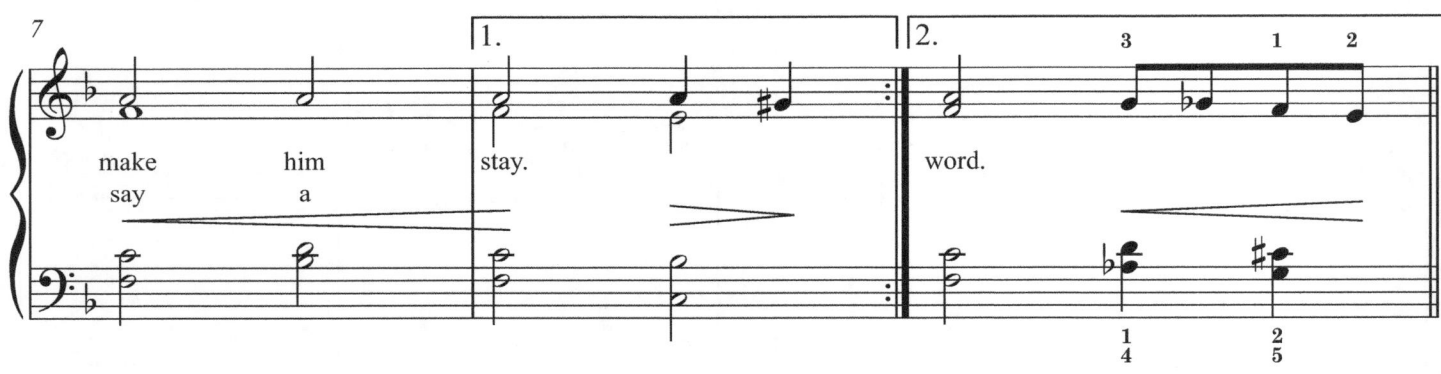

make him
say a
stay.
word.

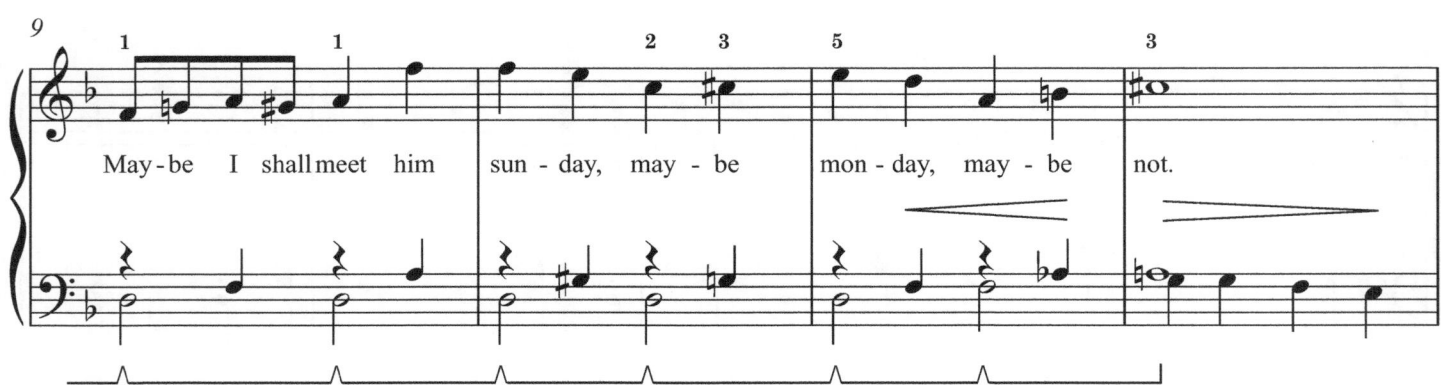

May-be I shall meet him sun - day, may - be mon - day, may - be not.

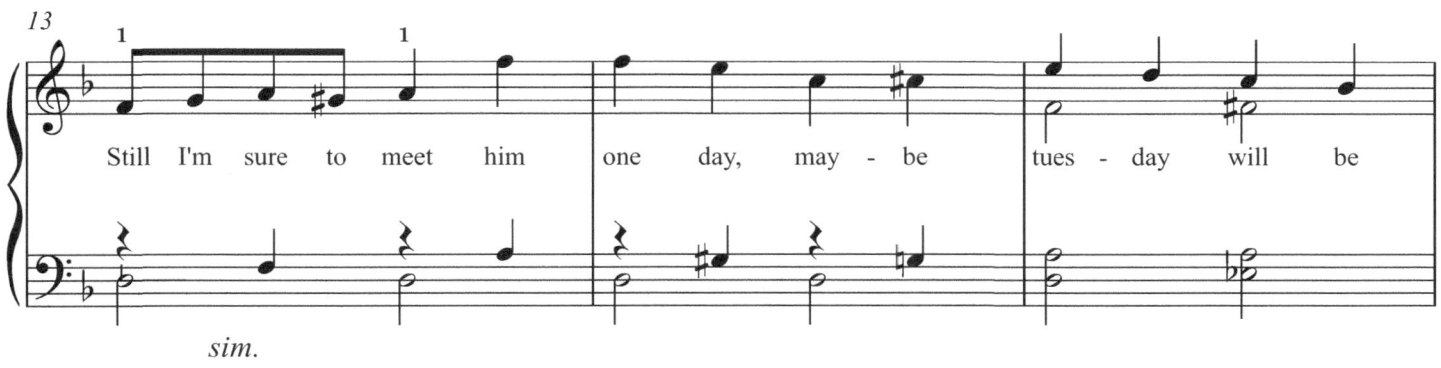

Still I'm sure to meet him one day, may - be tues - day will be

sim.

my good news day. He build a lit - tle home, just meant for two,

p

from which I'll nev - er roam, who would, would you? And so all else a - bove,

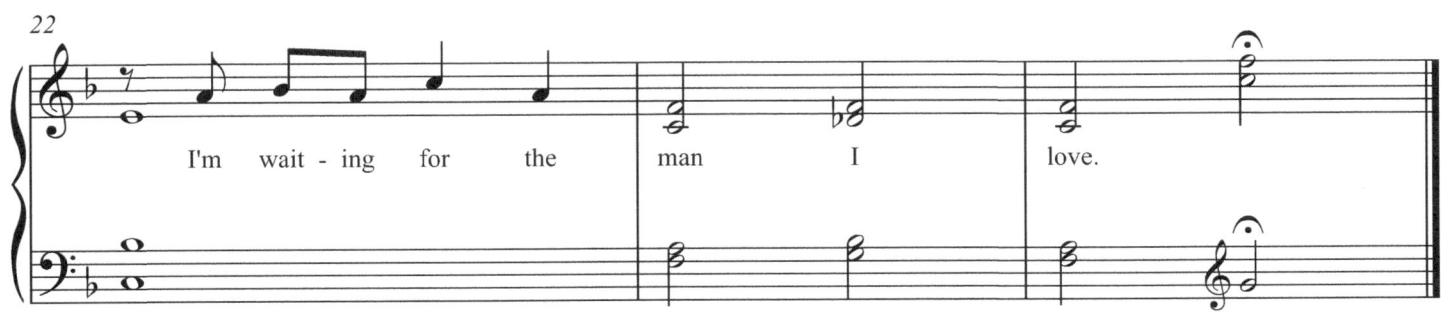

I'm wait - ing for the man I love.

Those Were the Days

Dorogoi dlinnoyu
Mary Hopkins

Traditional / Russland / Russia / La Russie
Arr.: Hans-Günter Heumann

Waltzing Matilda

Traditional / Australien / Australia / L'Australie
Arr.: Hans-Günter Heumann

Winter Wonderland
Dean Martin

Richard B. Smith, Felix Bernard
Arr.: Hans-Günter Heumann

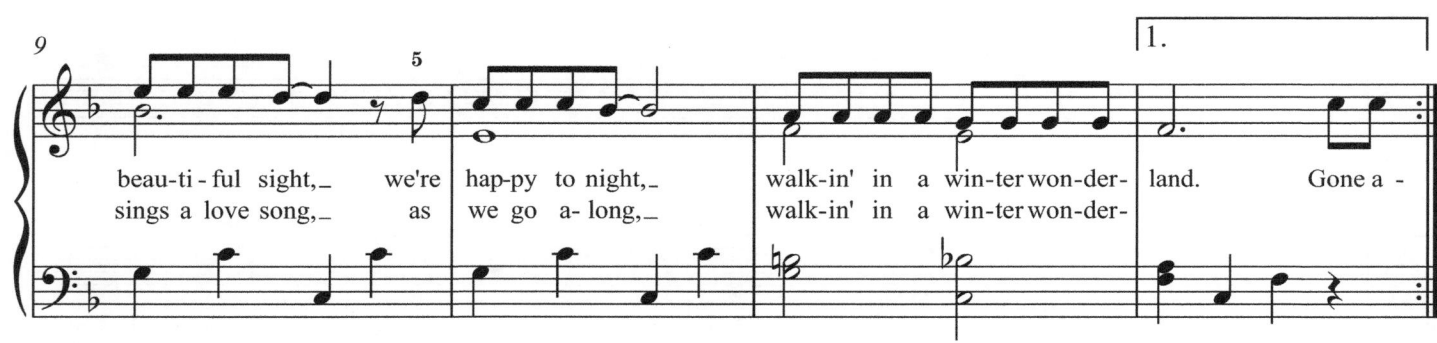

Abends, will ich schlafen gehn

When at night I go to sleep / Quand le soir je vais au lit

Engelbert Humperdinck
(1854-1921)
Arr.: Hans-Günter Heumann

aus / from / de: Hänsel und Gretel / Hansel and Gretel / Hänsel et Gretel

Air

Johann Sebastian Bach
(1685-1750)
Arr.: Hans-Günter Heumann

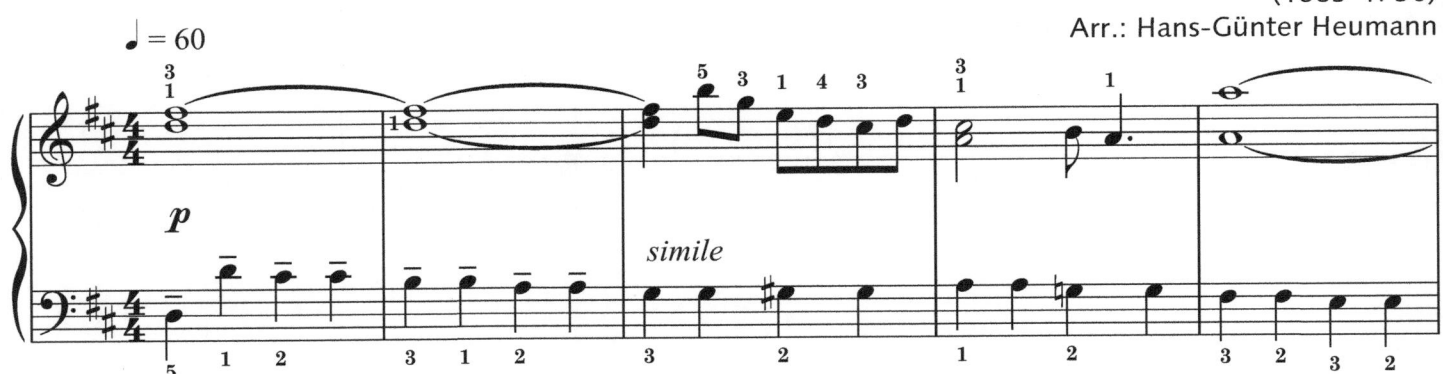

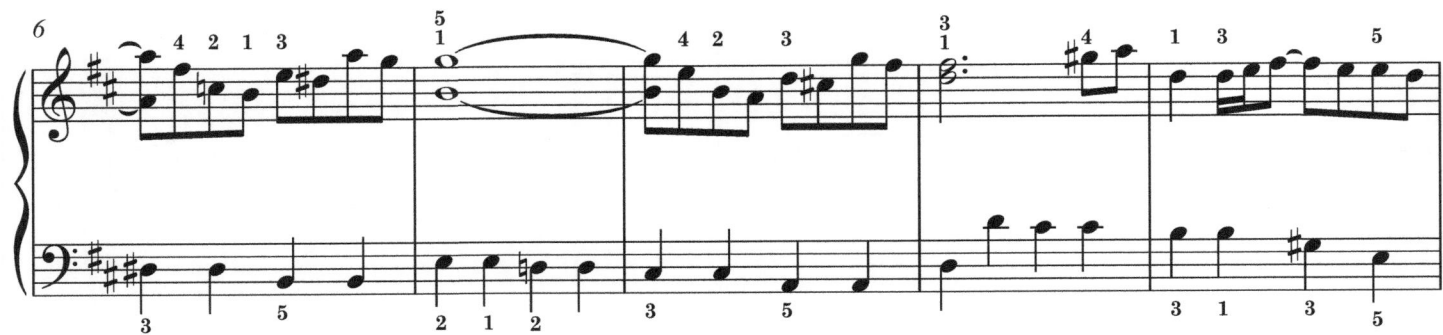

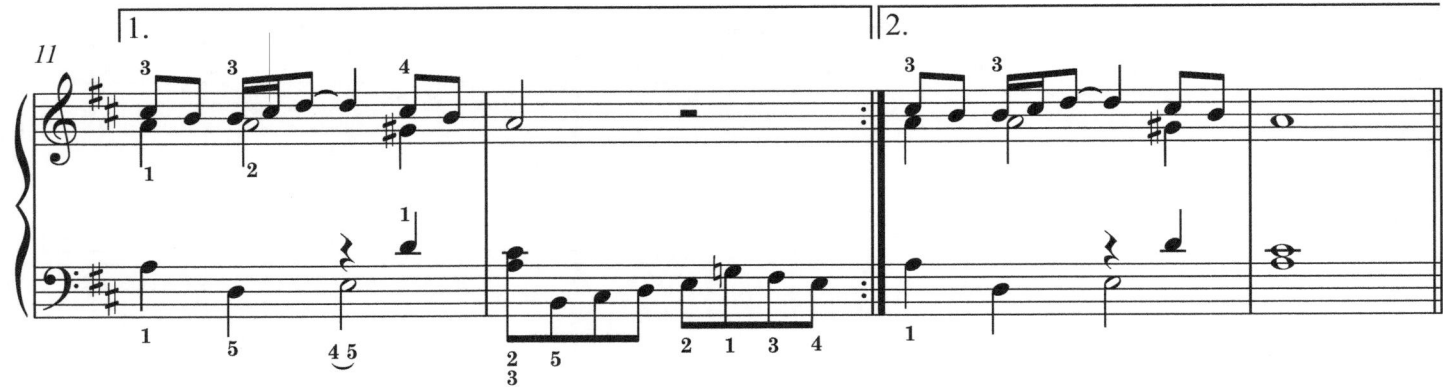

aus / from / de: Orchester-Suite Nr. 3 D-Dur / Orchestral Suite No. 3 D major / Suite d'Orchestre No. 3 Ré majeur BWV 1068

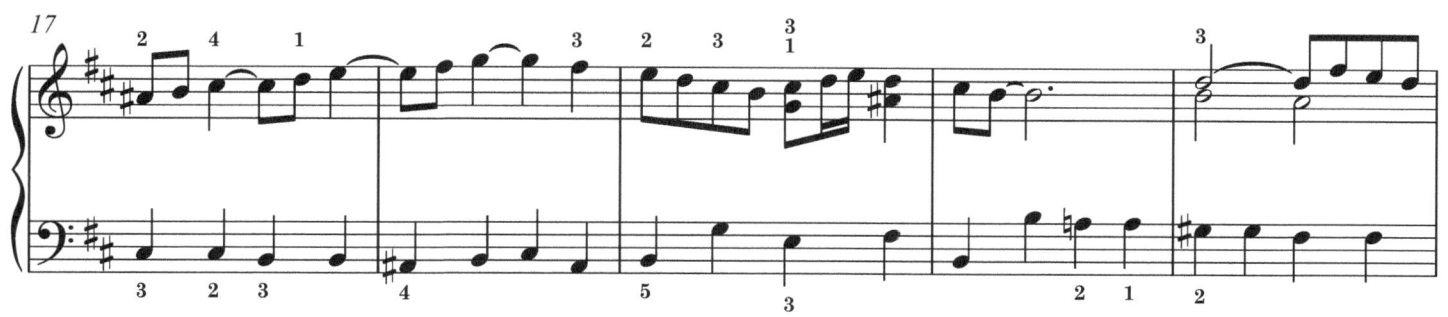

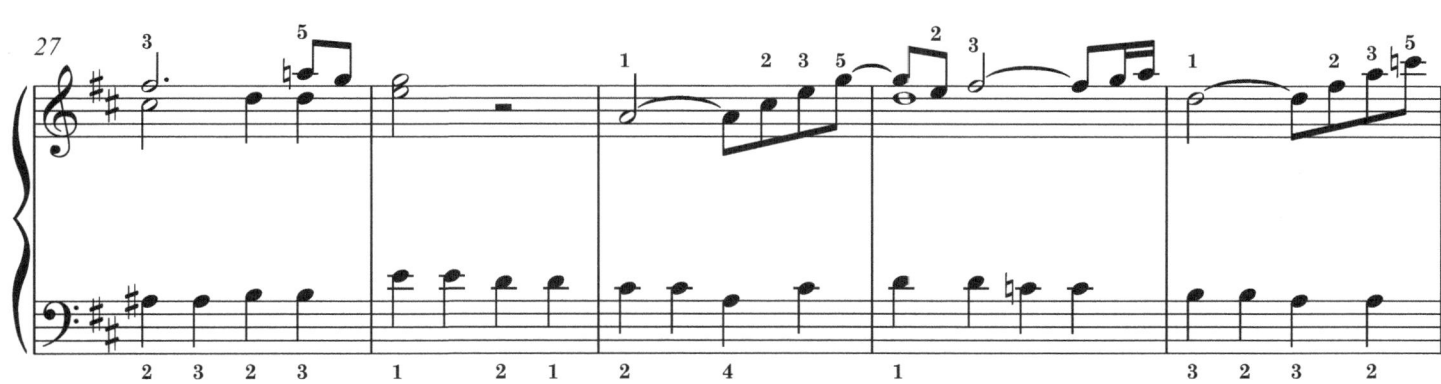

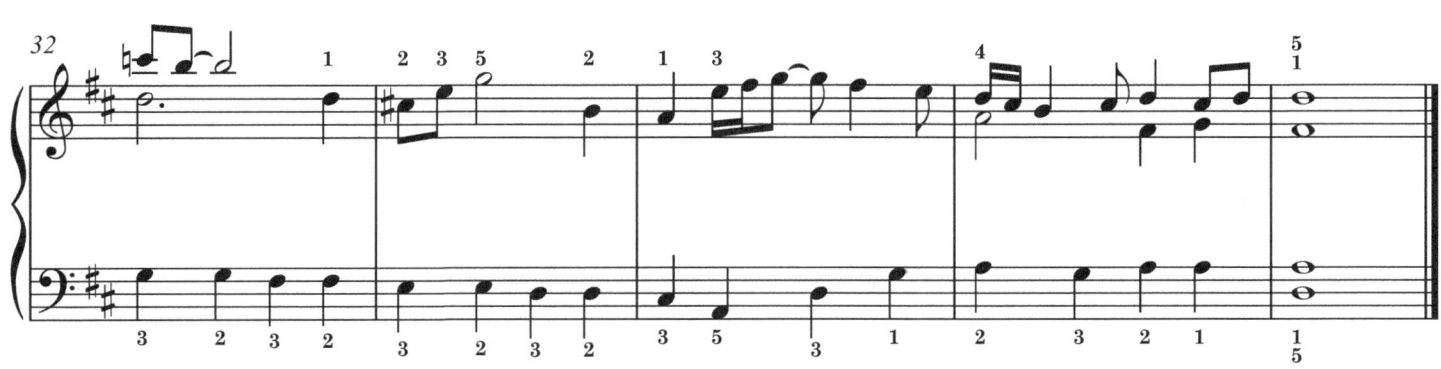

Alla turca

Wolfgang Amadeus Mozart
(1756-1791)
Arr.: Hans-Günter Heumann

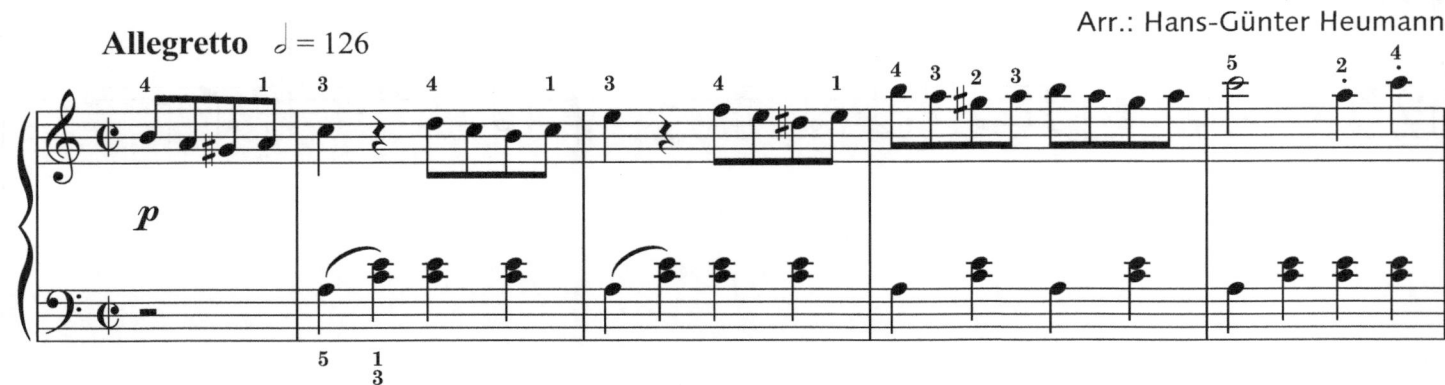

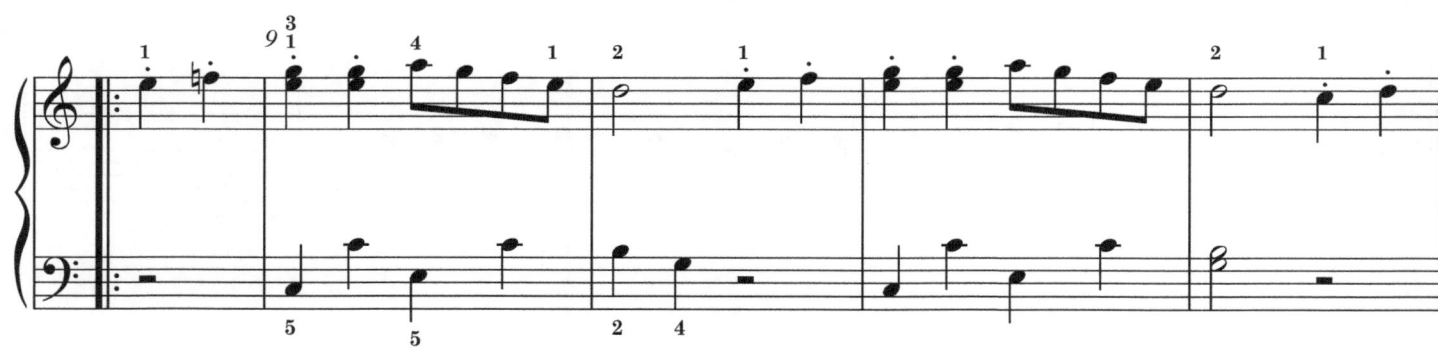

aus / from / de: Klaviersonate A-Dur / Piano Sonata A major / Sonate pour piano La majeur KV 331

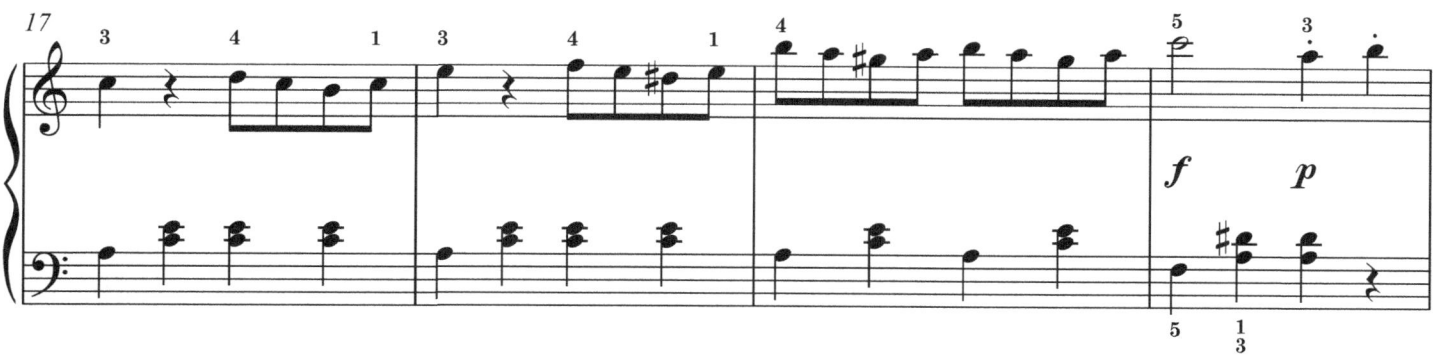

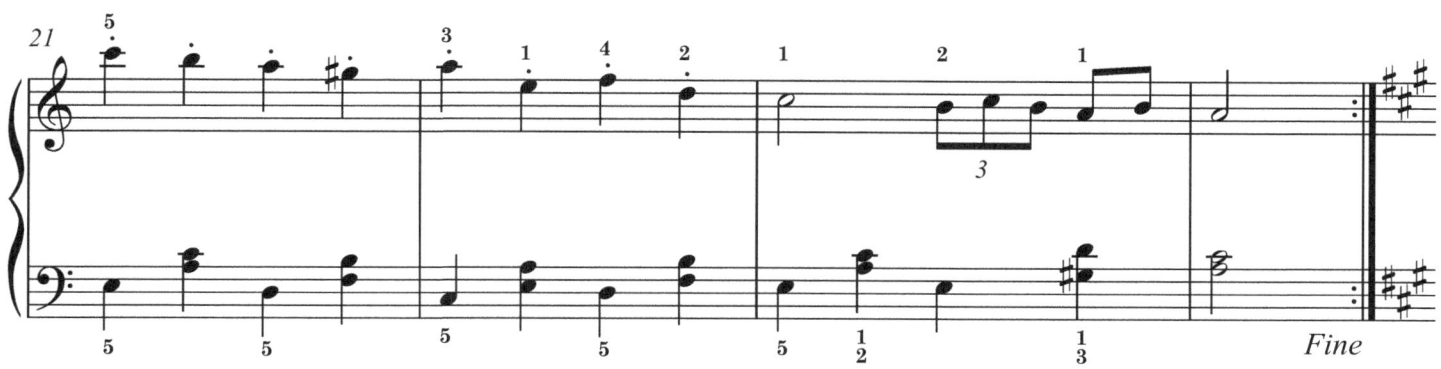

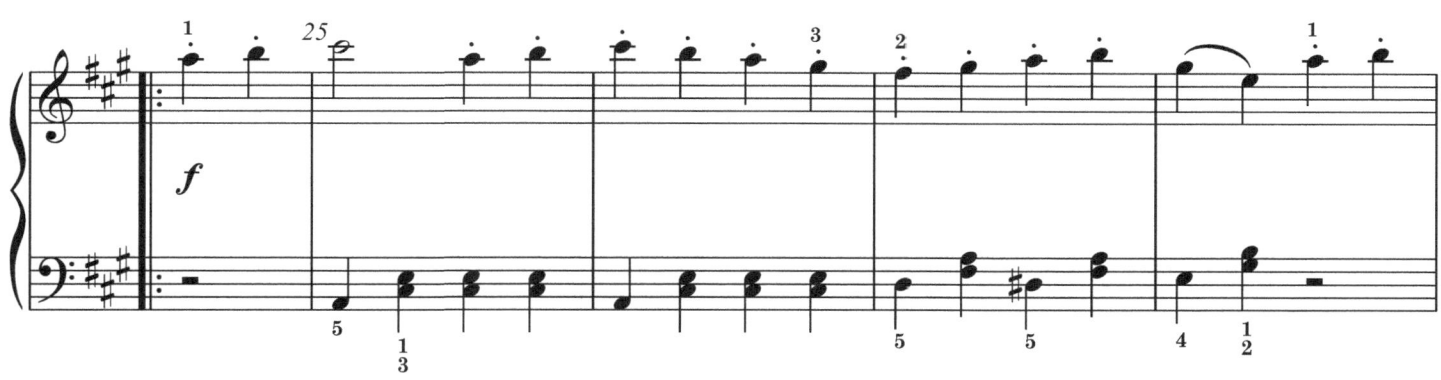

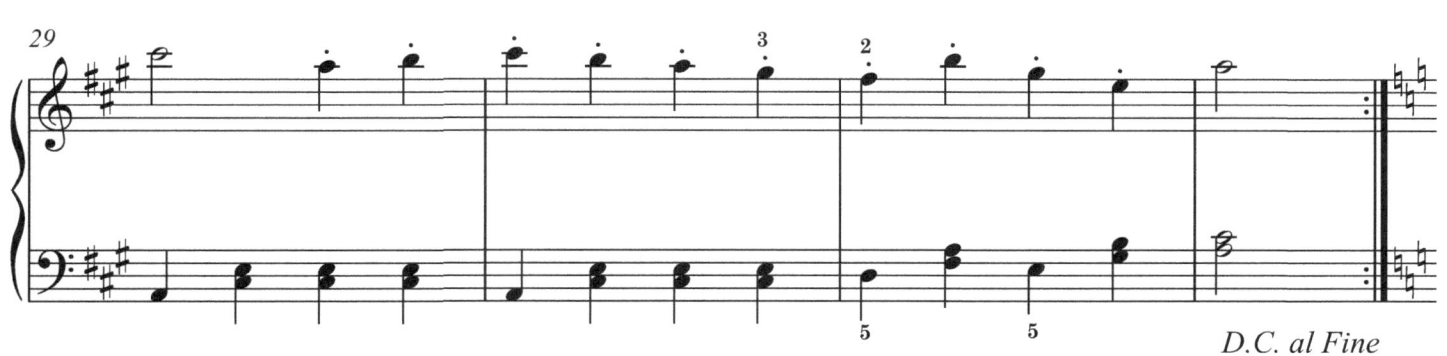

Andante grazioso

Wolfgang Amadeus Mozart
(1756-1791)
Arr.: Hans-Günter Heumann

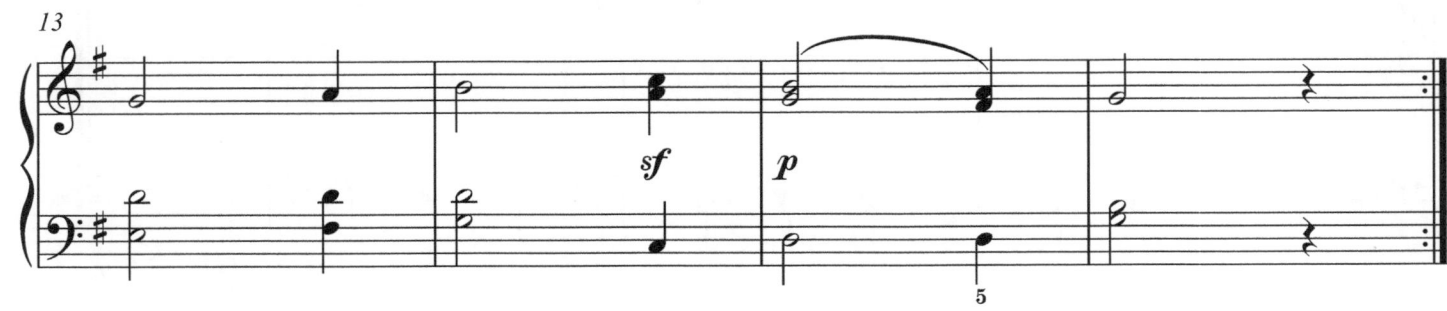

aus / from / de: Klaviersonate A-Dur / Piano Sonata A major / Sonate pour Piano La majeur KV 331

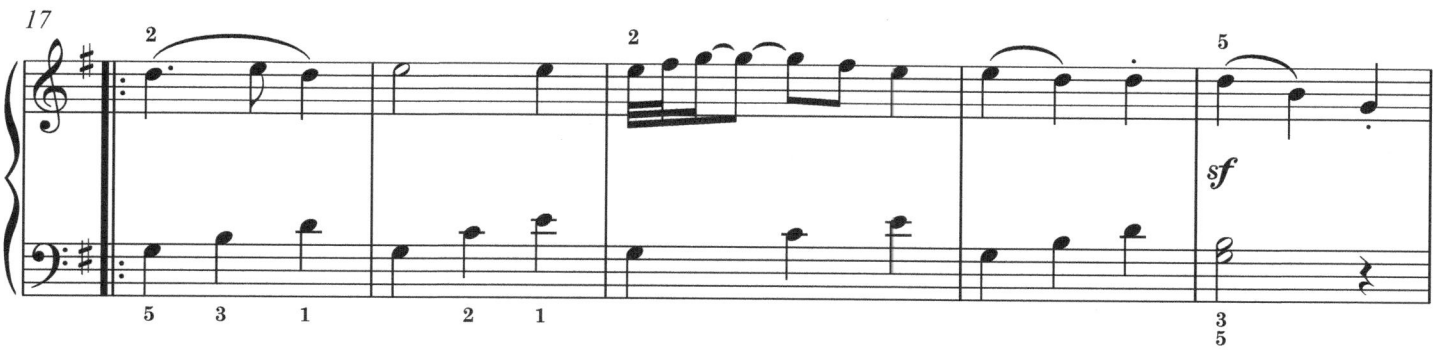

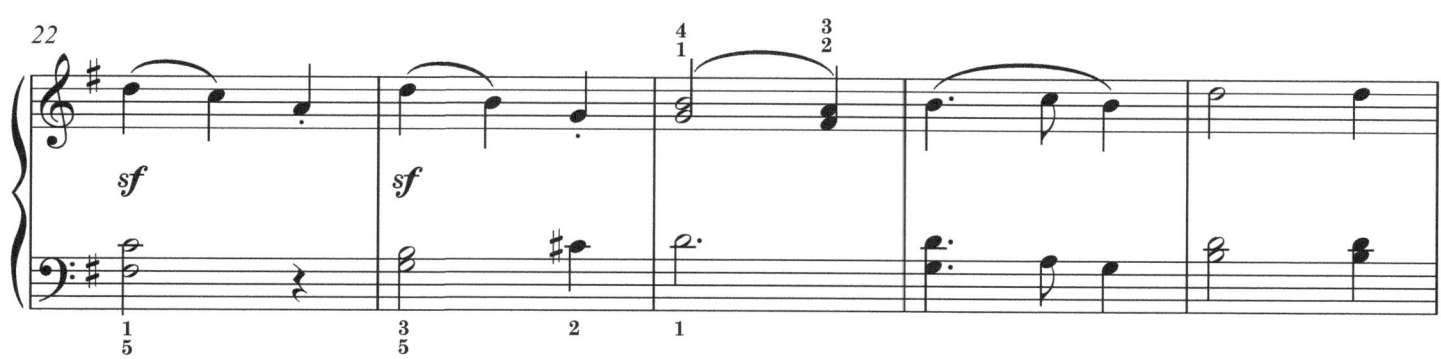

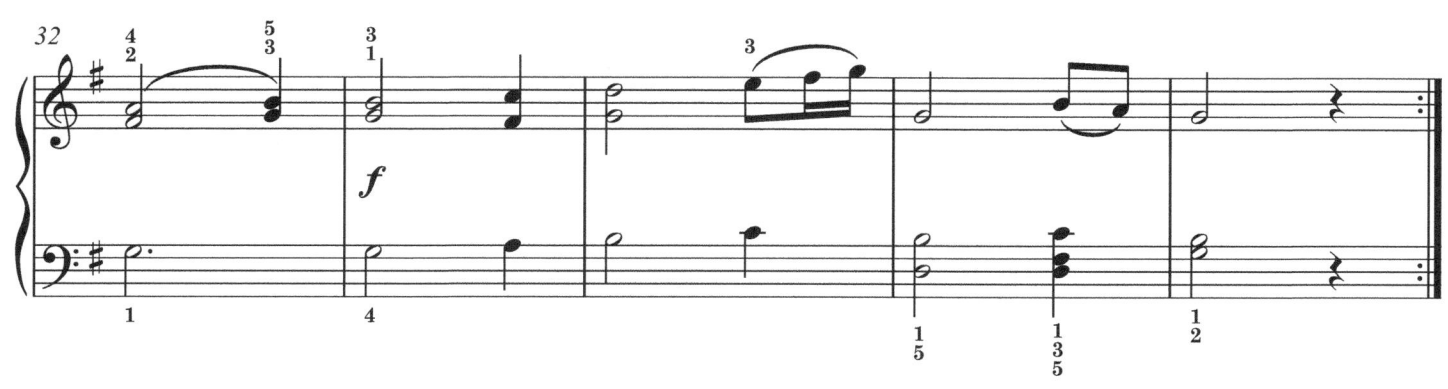

An der schönen blauen Donau
The Blue Danube / Le Danube blue
op. 314

Johann Strauß, Sohn
(1825-1899)
Arr.: Hans-Günter Heumann

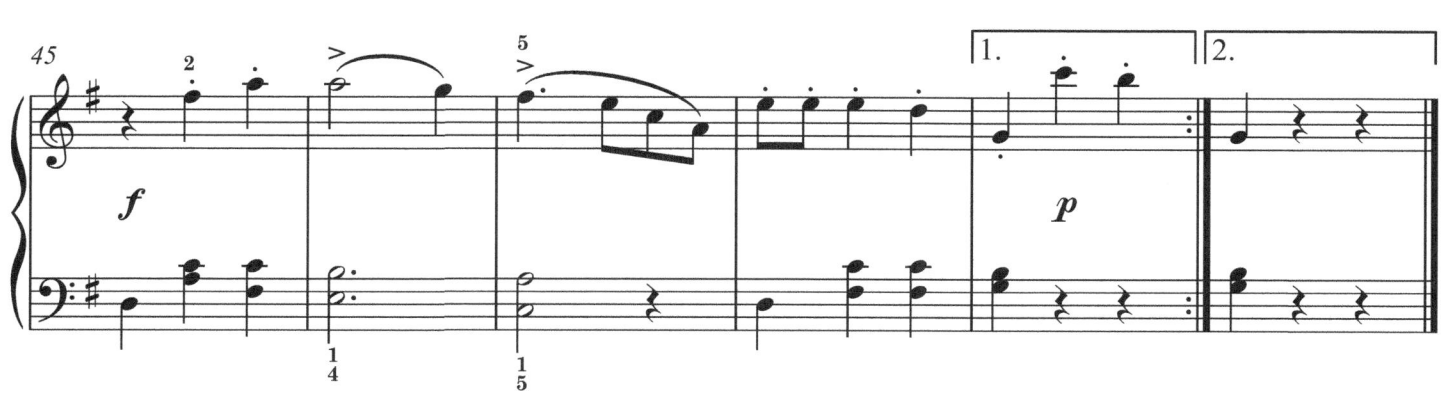

Barcarole
Barcarolle

Jacques Offenbach
(1819-1880)
Arr.: Hans-Günter Heumann

Allegretto ♩. = 52

aus / from / de: Hoffmann's Erzählungen / Tales Of Hoffmann / Les Contes d'Hoffmann

Bolero

Maurice Ravel
(1875-1937)
Arr.: Hans-Günter Heumann

Tempo di Bolero moderato assai ♩ = 72

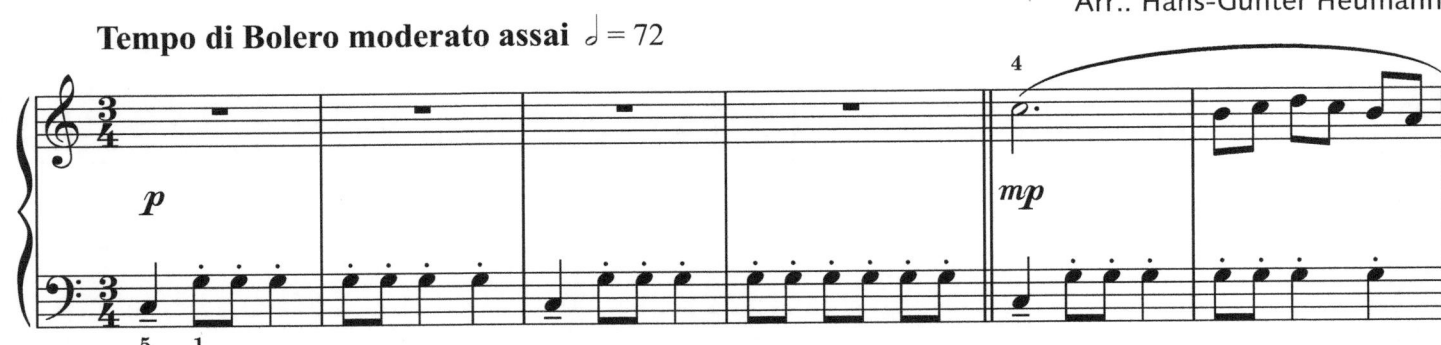

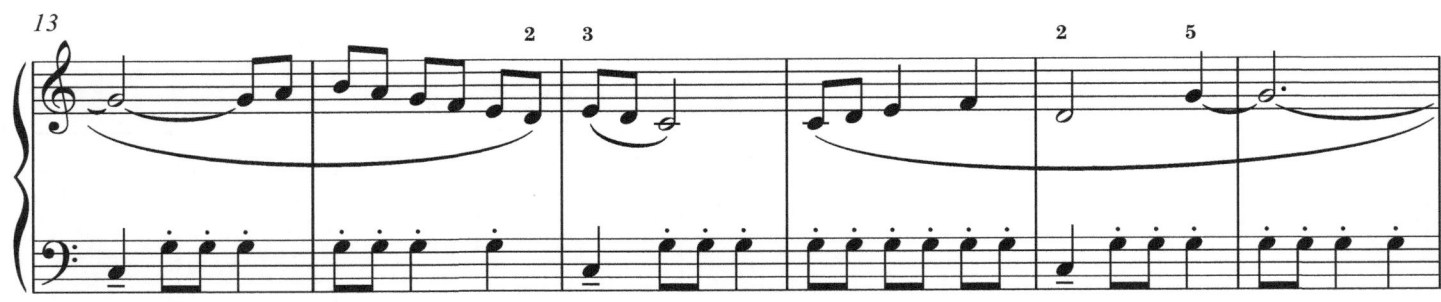

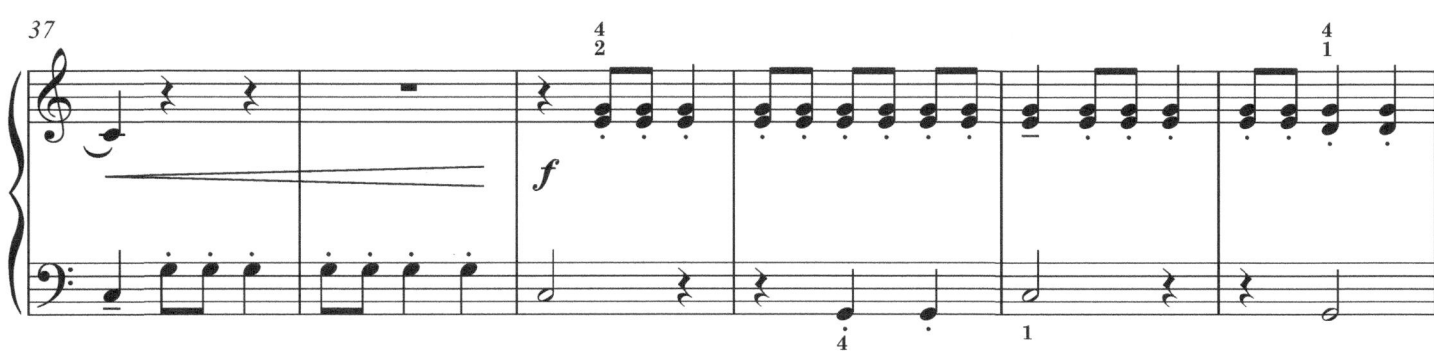

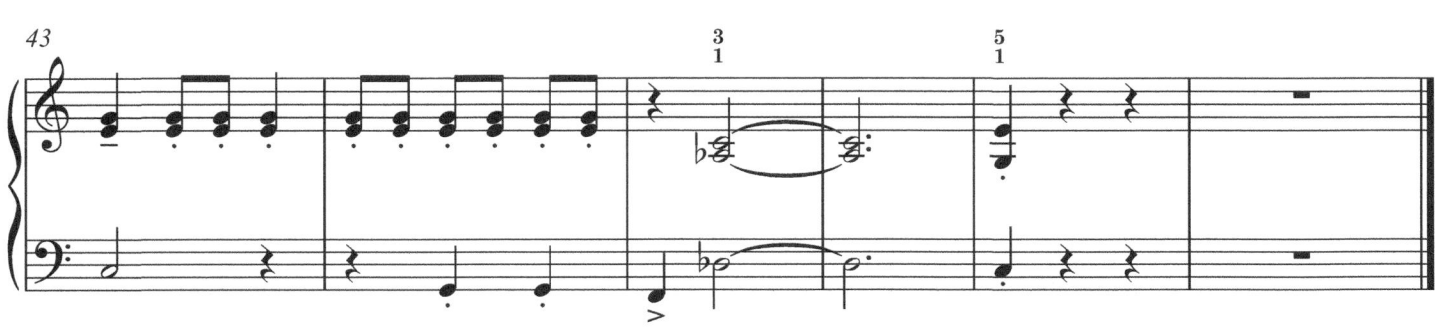

Brautchor
Wedding March / Marche nuptiale
aus der Oper / from the Opera / extrait de l'Opéra „Lohengrin"

Richard Wagner
(1813-1883)
Arr.: Hans-Günter Heumann

Cancan

Jacques Offenbach
(1819-1880)
Arr.: Hans-Günter Heumann

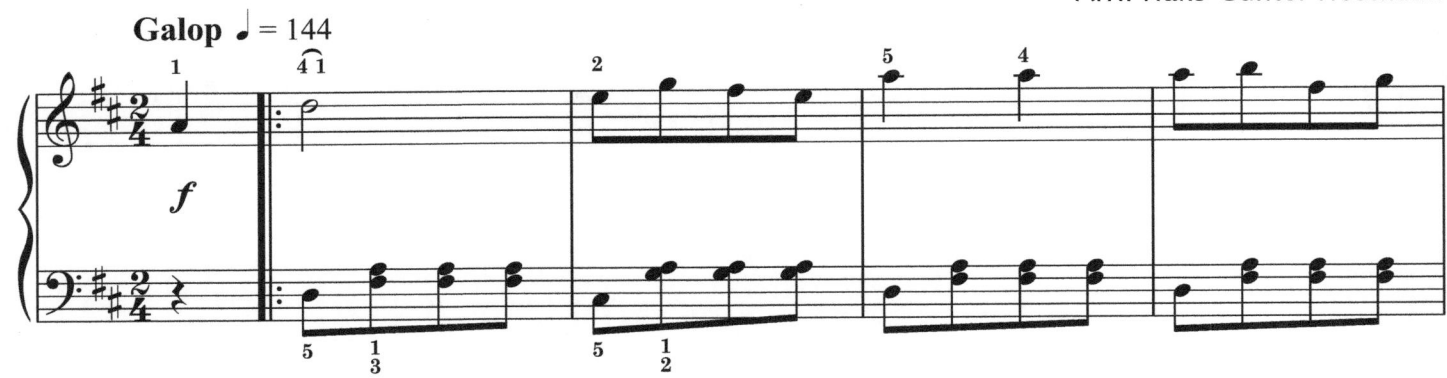

aus / from / de: Orpheus in der Unterwelt / Orpheus in the Underworld / Orphée aux Enfers

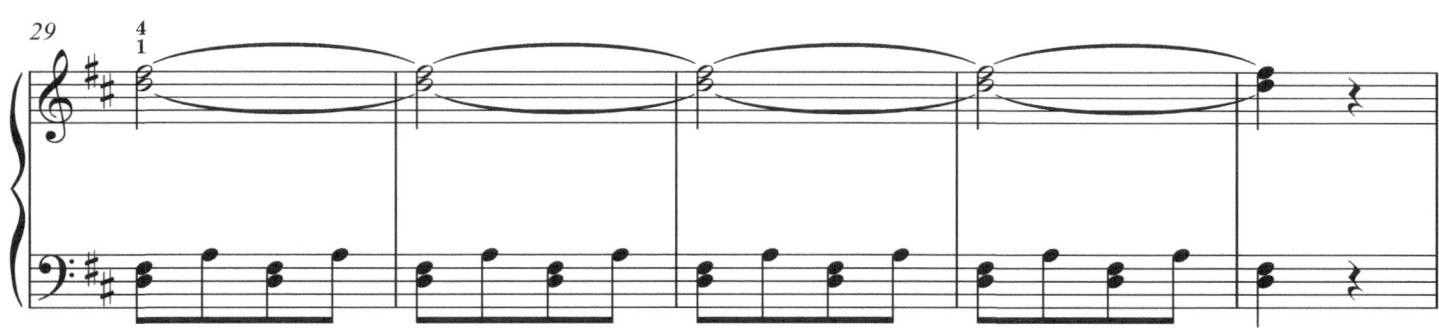

Der Frühling

Spring / Le Printemps

Antonio Vivaldi
(1678-1741)
Arr.: Hans-Günter Heumann

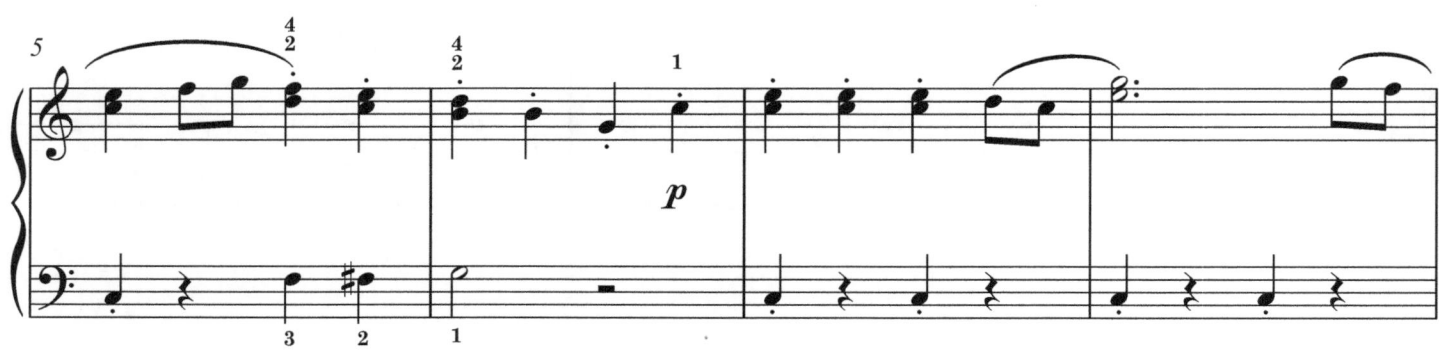

Die Forelle
The Trout / La truite
op. 32, D 550

Franz Schubert
(1797-1828)
Arr.: Hans-Günter Heumann

Poco Allegro ♩ = 132

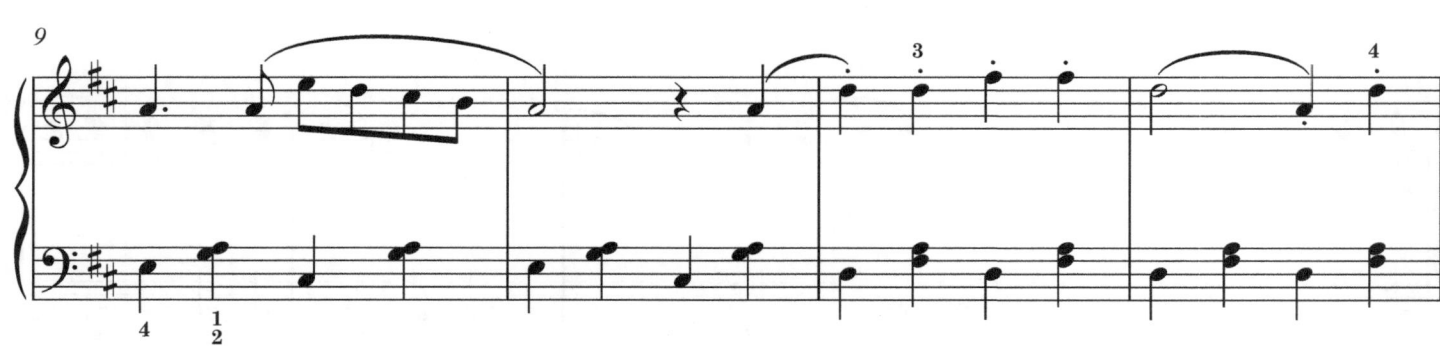

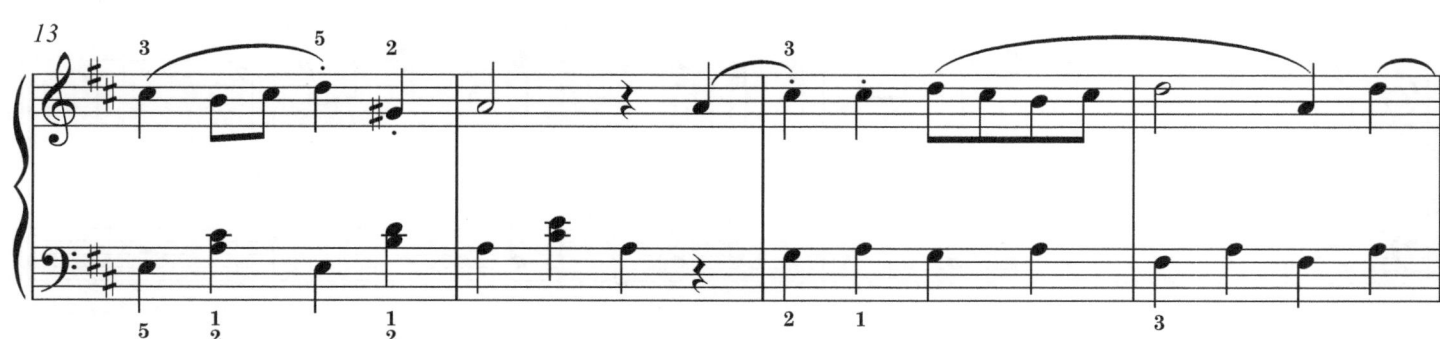

Die Moldau

The Moldau / La Moldau

Bedřich Smetana
(1824-1884)
Arr.: Hans-Günter Heumann

Allegro commodo non agitato ♩ = 66

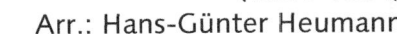

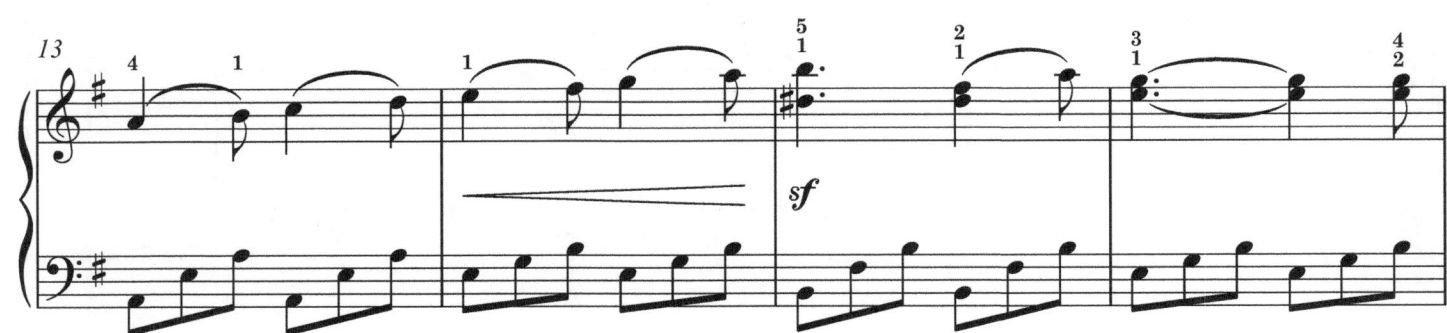

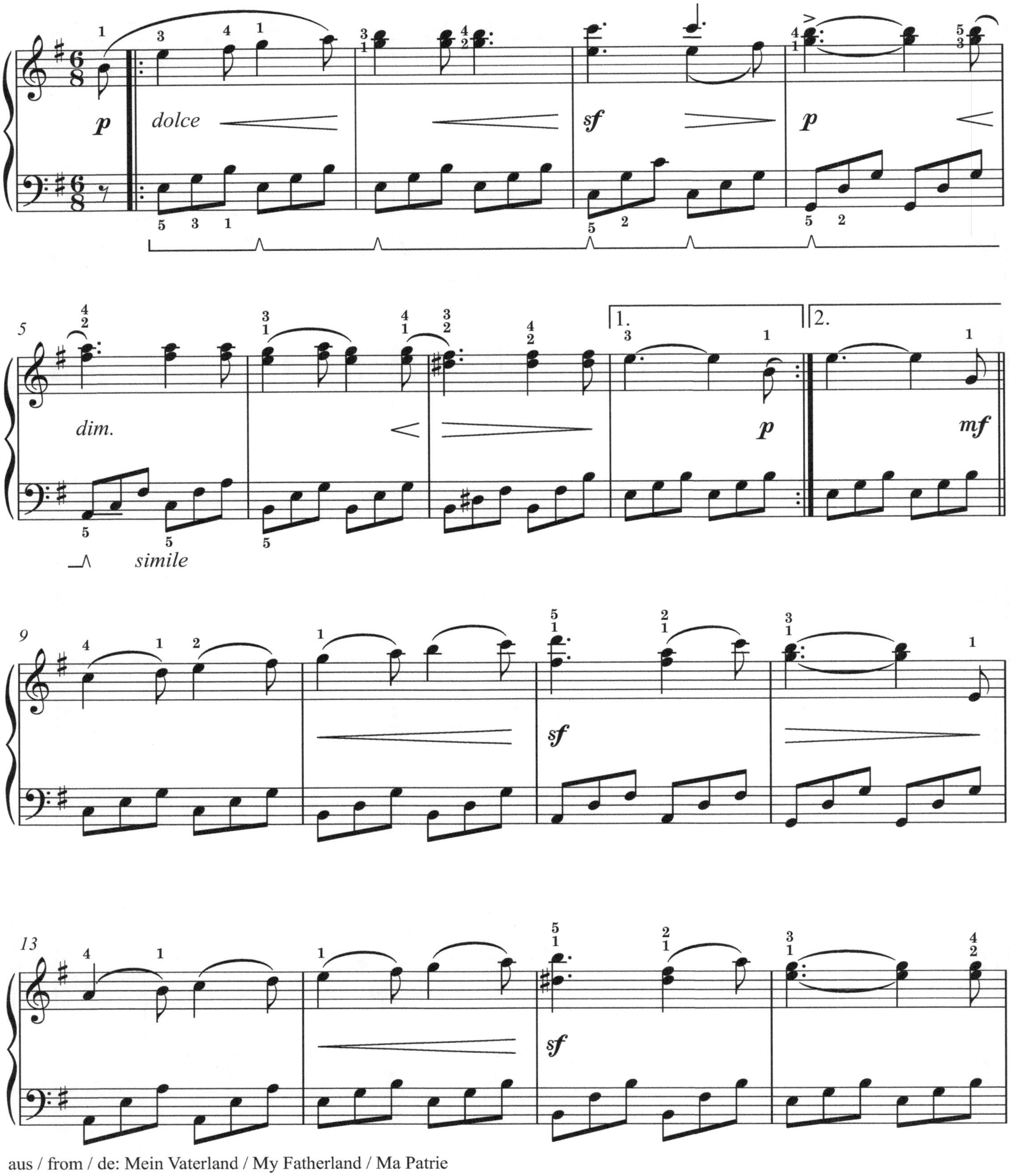

aus / from / de: Mein Vaterland / My Fatherland / Ma Patrie

Donauwellen
Waves of the Danube / Les vagues du Danube

Iosif Ivanovici
(1845-1902)
Arr.: Hans-Günter Heumann

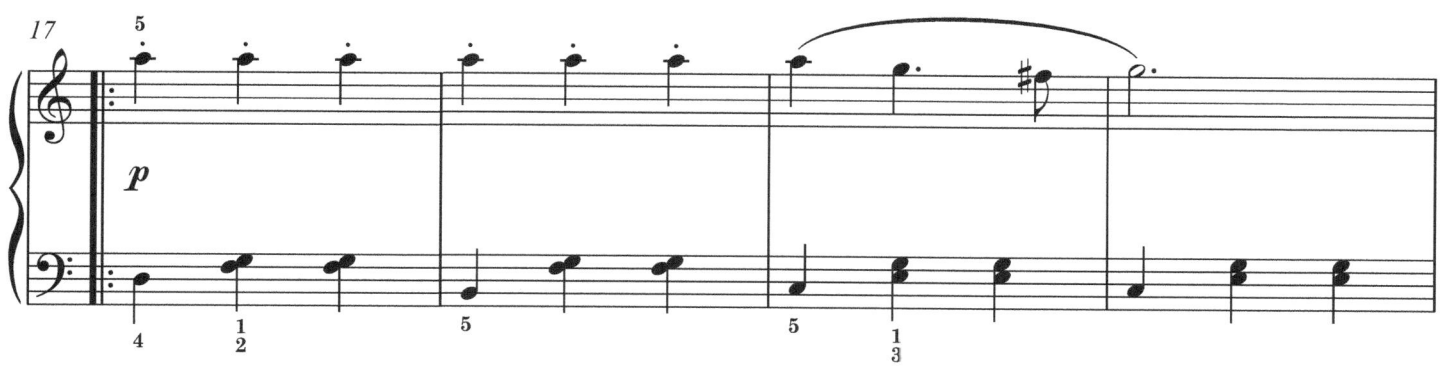

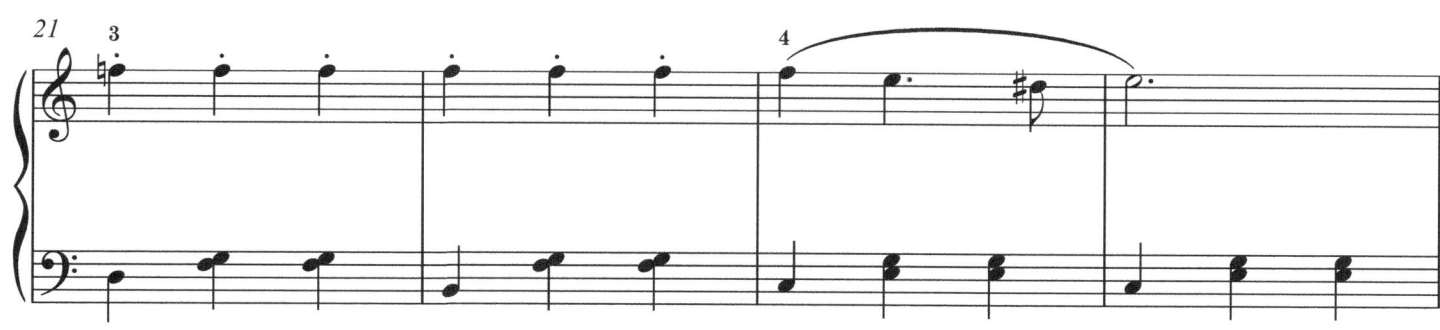

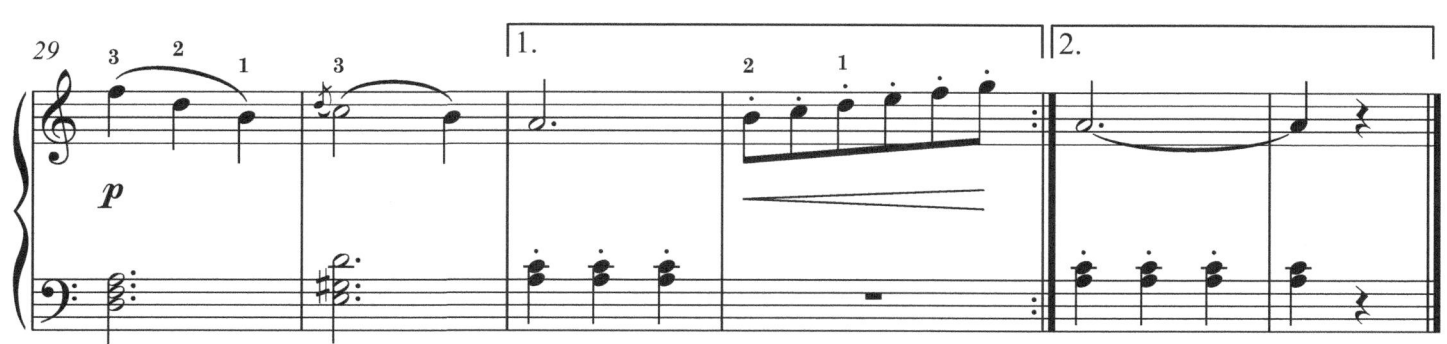

Erinnerung an Zirkus Renz

Memory of Circus Renz / Souvenir de Cirque Renz

Gustav Peter
(1833-1919)

Arr.: Hans-Günter Heumann

Freude, schöner Götterfunken

Ode to Joy / Hymne à la joie

Ludwig van Beethoven
(1770-1827)
Arr.: Hans-Günter Heumann

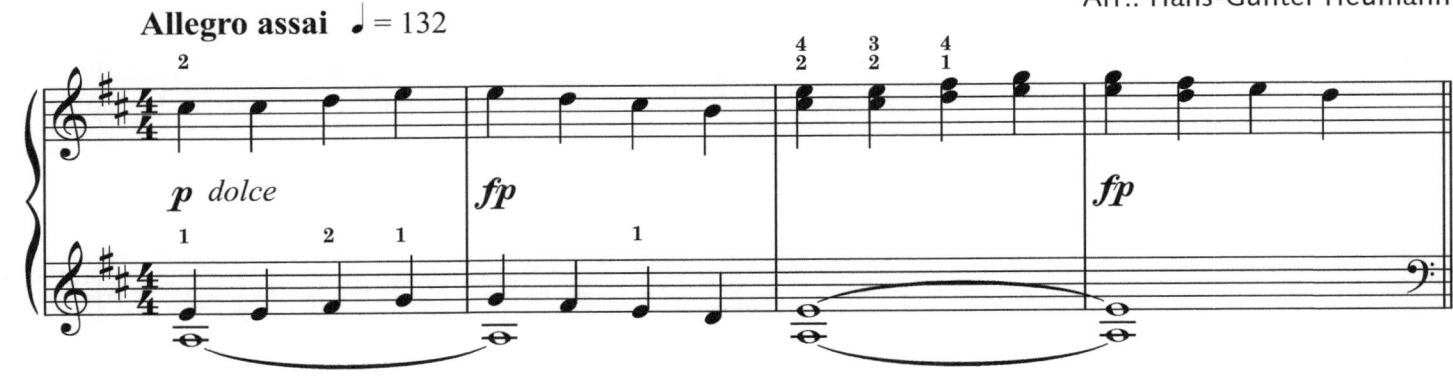

aus / from / de: Sinfonie Nr. 9 / Symphony No. 9 / Symphonie No. 9 op. 125

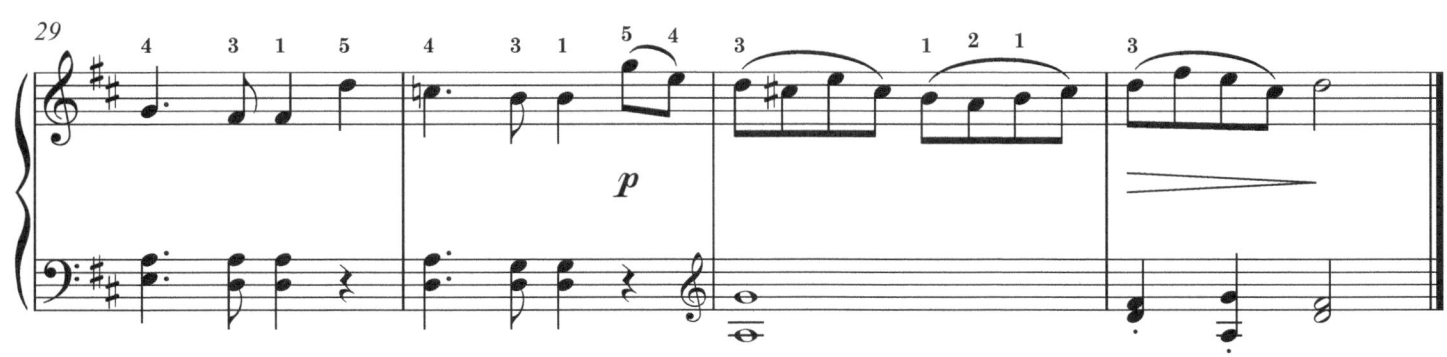

Für Elise
WoO 59
Thema / Theme / Thème

Ludwig van Beethoven
(1770-1827)
Arr.: Hans-Günter Heumann

Poco moto ♩ = 132

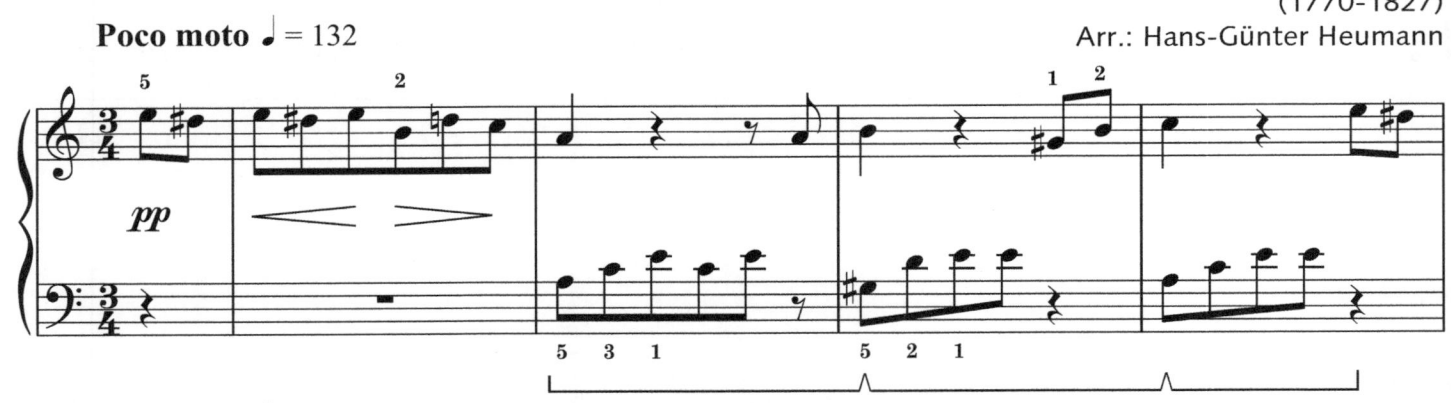

simile

Jesus bleibet meine Freude
Jesu, thou art still my joy / Jésus, que ma joie demeure

Johann Sebastian Bach
(1685-1750)
Arr.: Hans-Günter Heumann

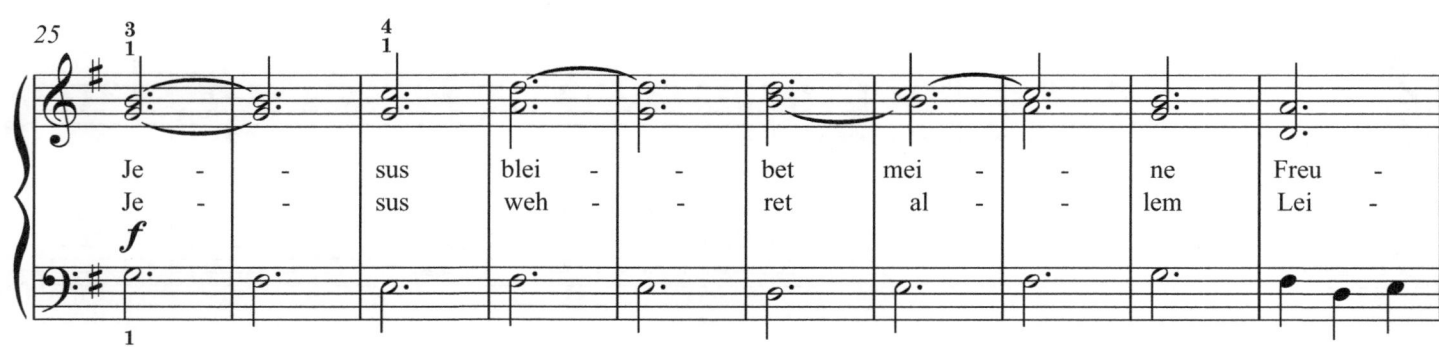

aus der Kantate Nr. 147 / from the Cantata No. 147 / extrait de la Cantate No. 147

aus_____ dem Her - - zen und_____ Ge - - sicht.

Jupiter

Gustav Holst
(1874-1934)
Arr.: Hans-Günter Heumann

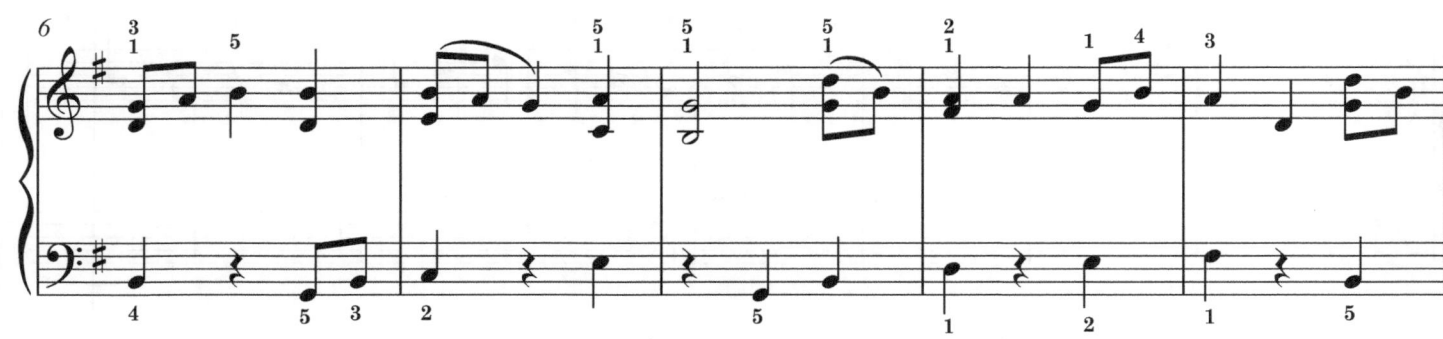

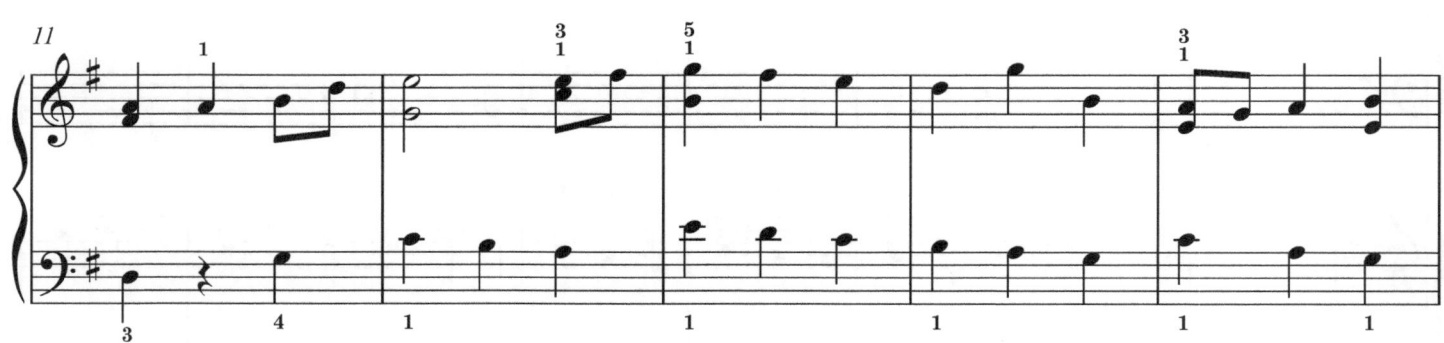

aus / from / de: Die Planeten / The Planets / Les Planètes op. 32

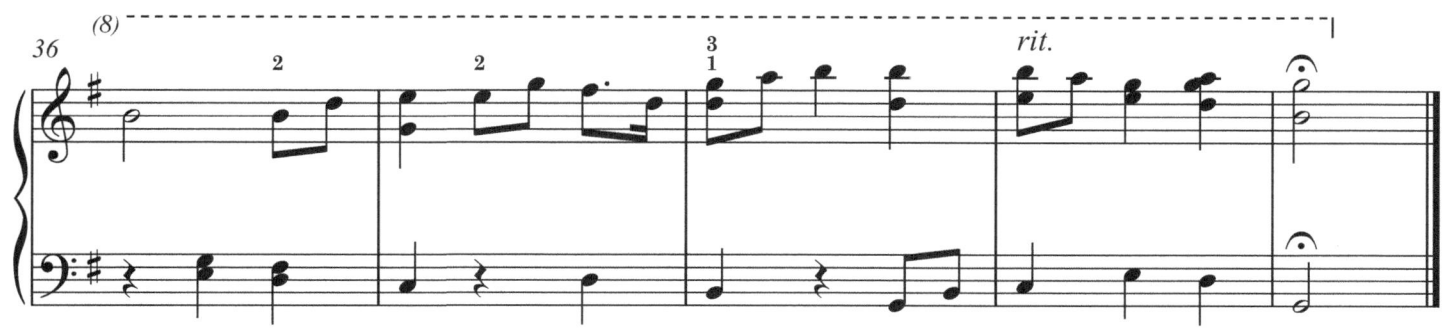

Kaiser-Walzer
Emperor Waltz / Valse de l'empereur

Johann Strauß, Sohn
(1825-1899)
Arr.: Hans-Günter Heumann

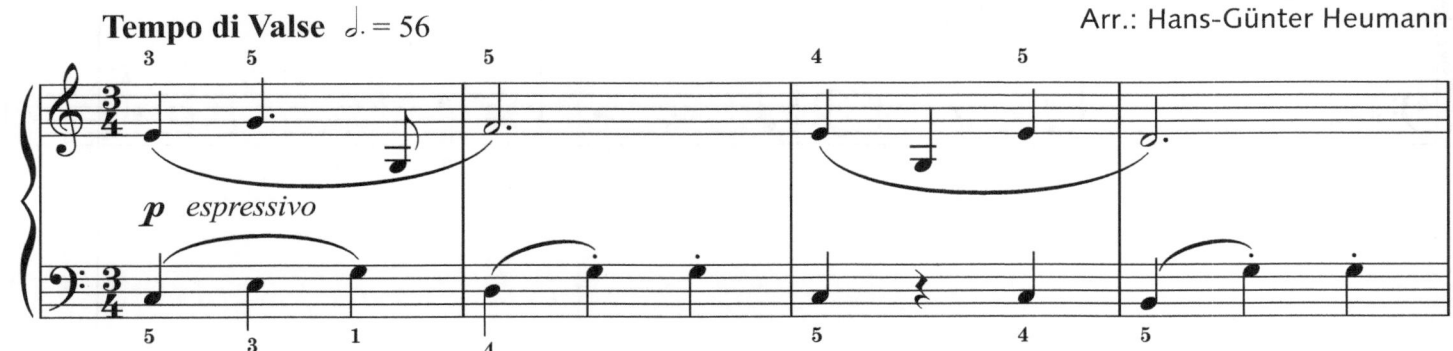

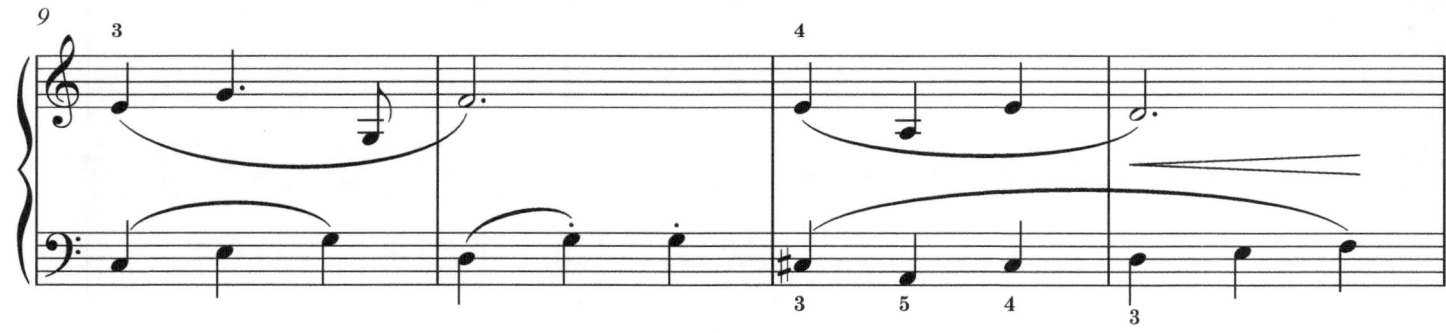

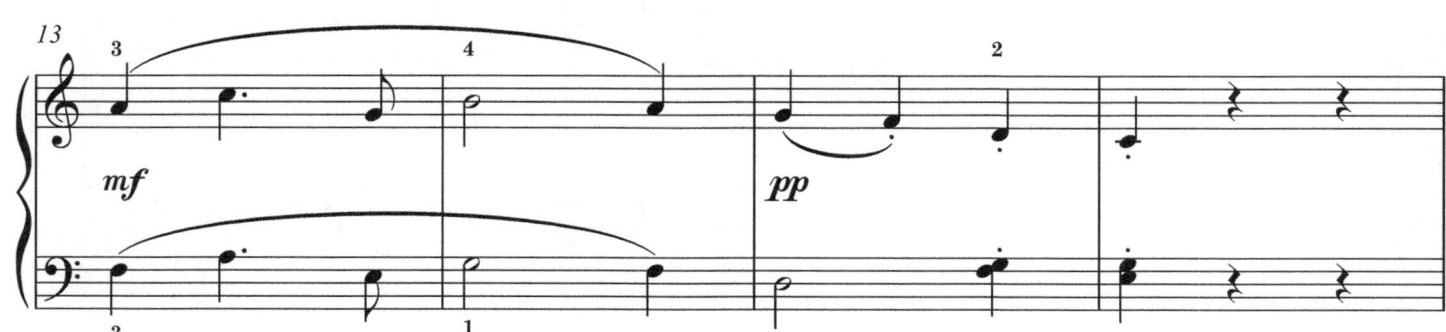

aus / from / de: op. 437

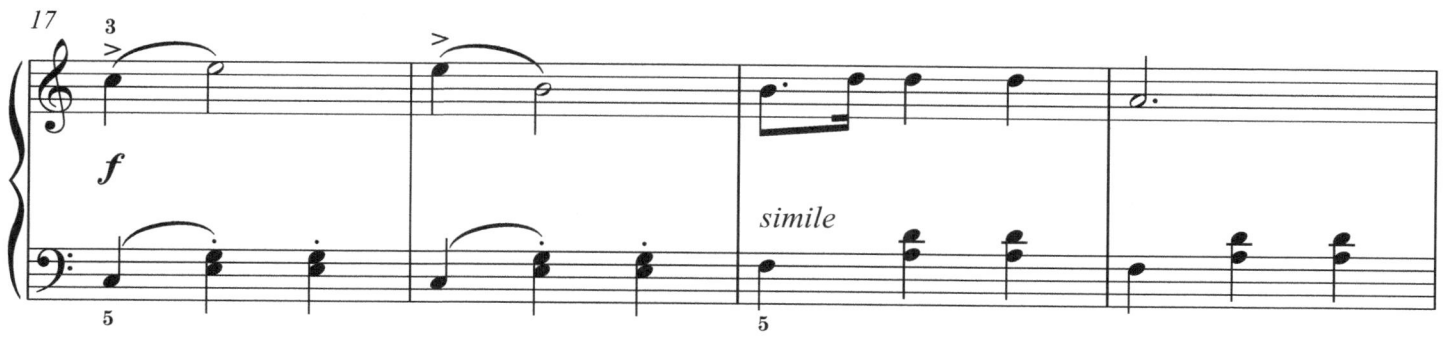

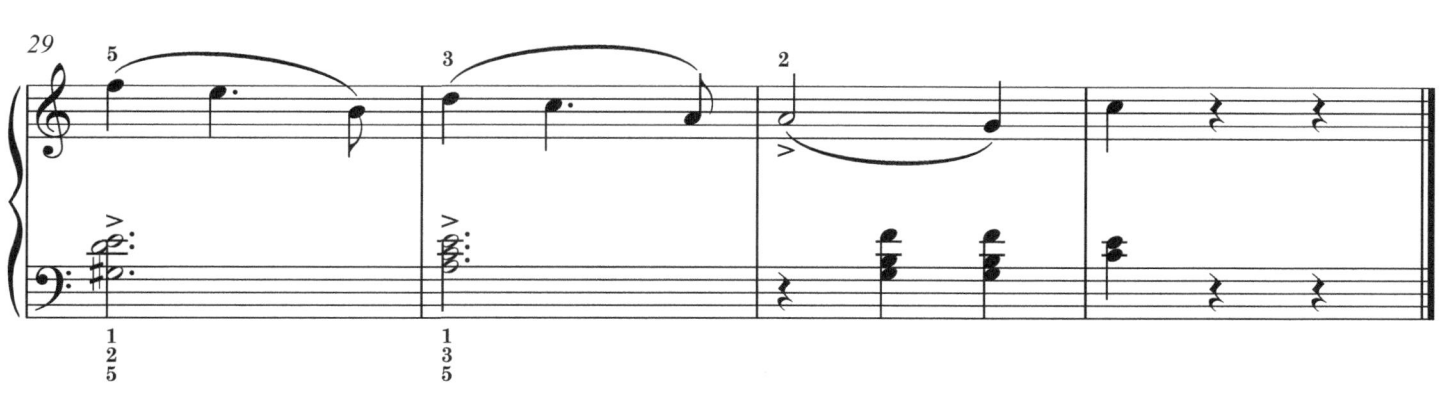

Kanon
Canon

Johann Pachelbel
(1653-1706)
Arr.: Hans-Günter Heumann

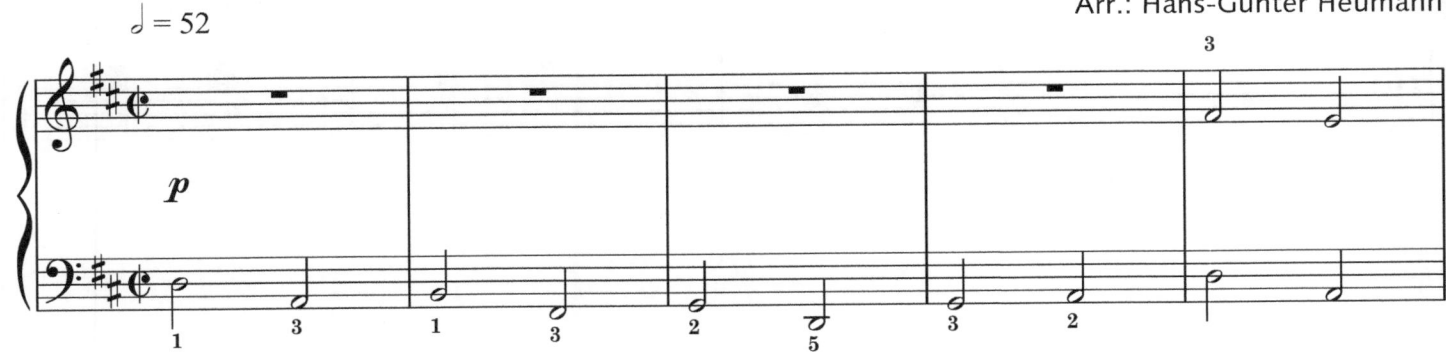

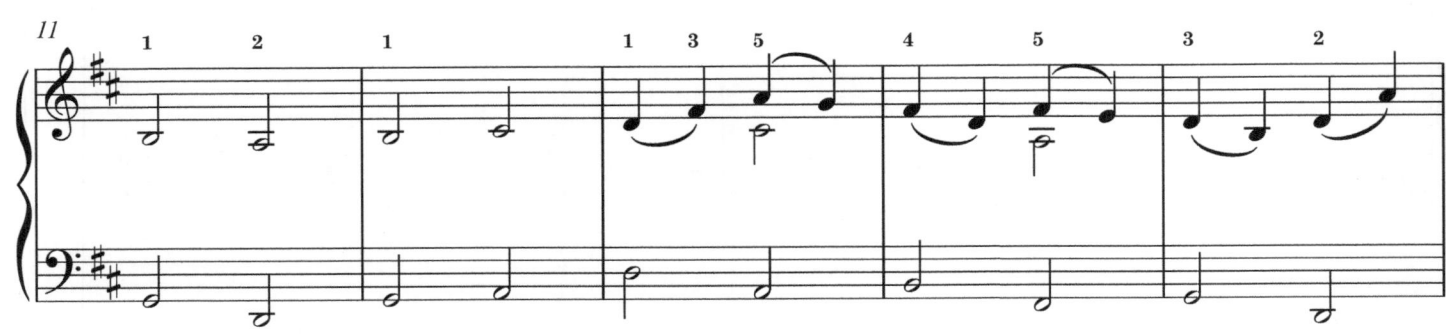

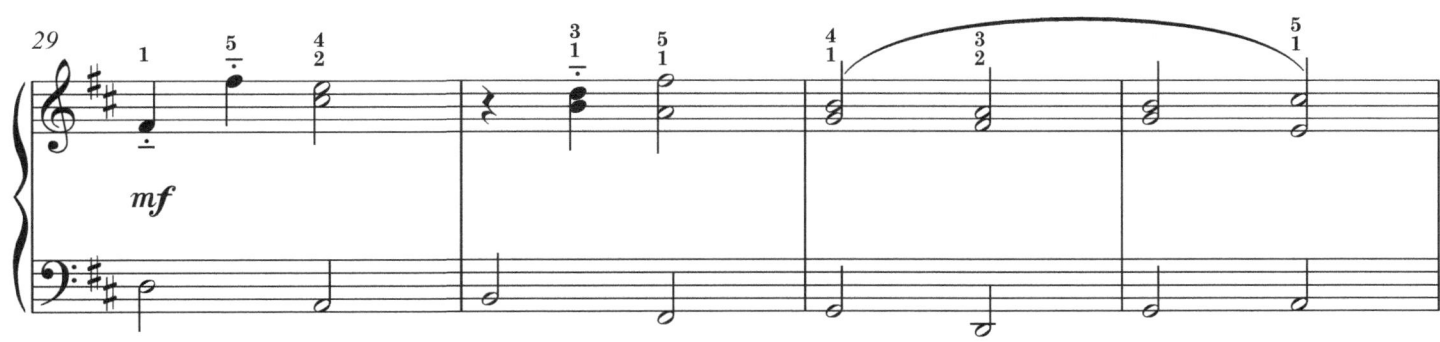

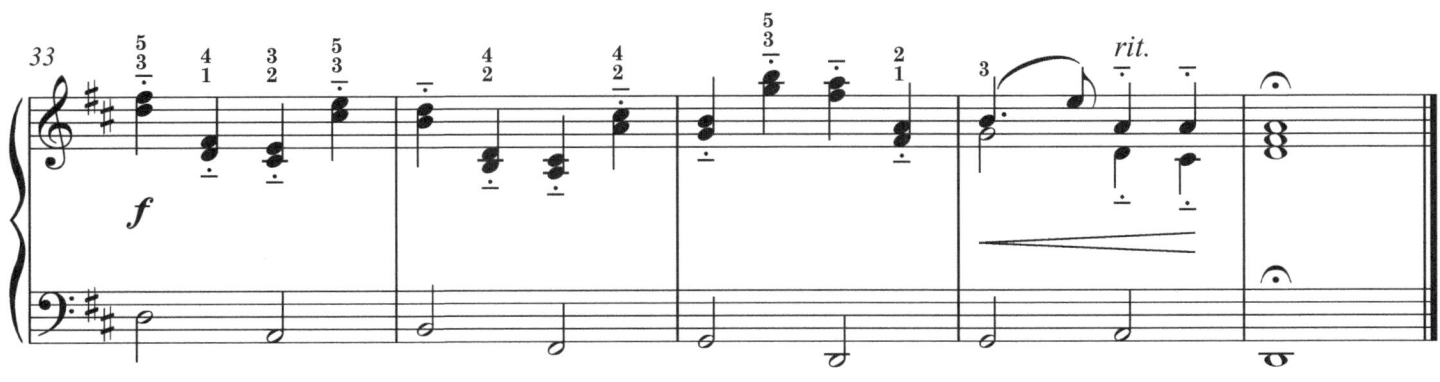

Klarinettenkonzert A-Dur

Concerto for Clarinet and Orchestra A major
Concerto pour Clarinette La majeur

2. Satz / 2nd movement / 2e mouvement, KV 622

Wolfgang Amadeus Mozart
(1756-1791)
Arr.: Hans-Günter Heumann

Klavierkonzert Nr. 1
Concerto for Piano and Orchestra No. 1 / Concerto pour Piano No. 1
1. Satz / 1st movement / 1er mouvement

Peter Iljitsch Tschaikowsky
(1840-1893)
Arr.: Hans-Günter Heumann

La donna è mobile

Giuseppe Verdi
(1813-1901)
Arr.: Hans-Günter Heumann

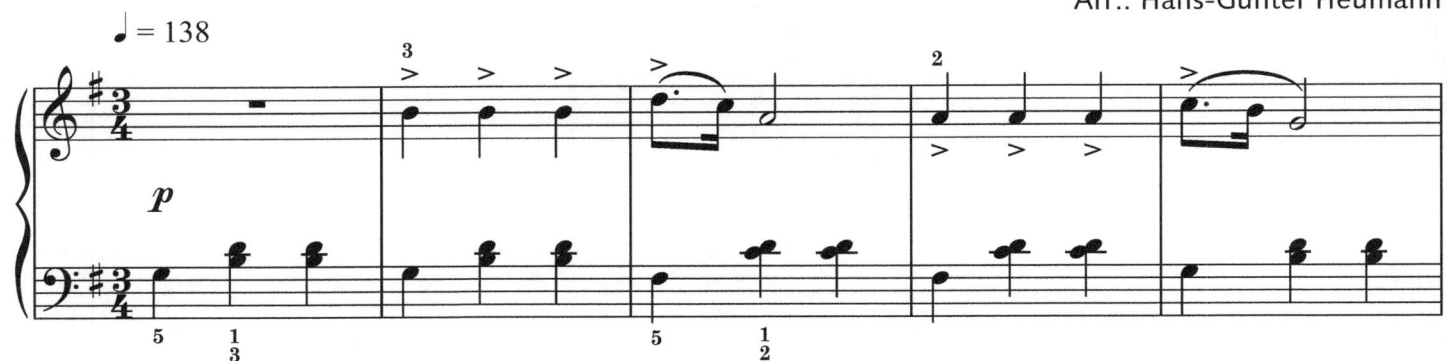

aus der Oper / from the opera / de l'opéra *Rigoletto*

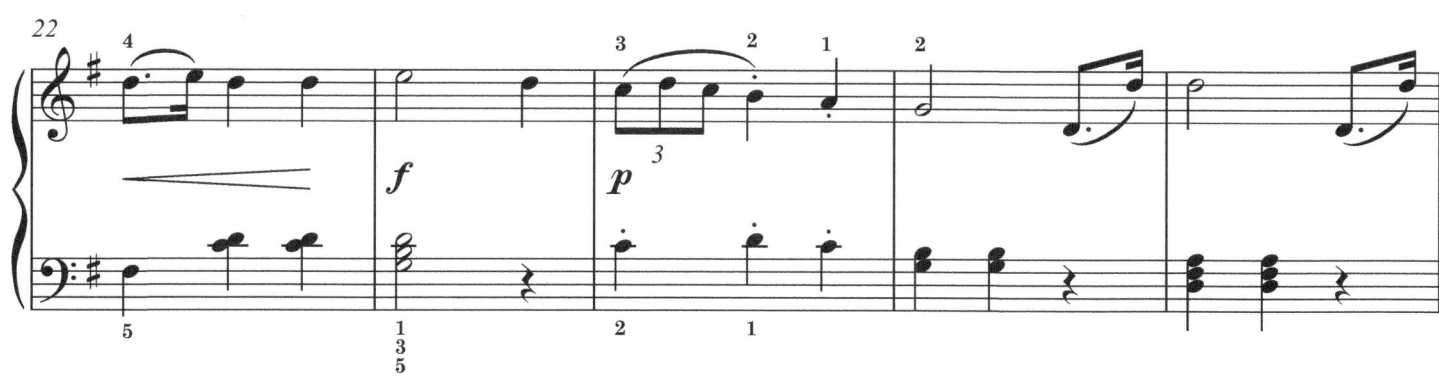

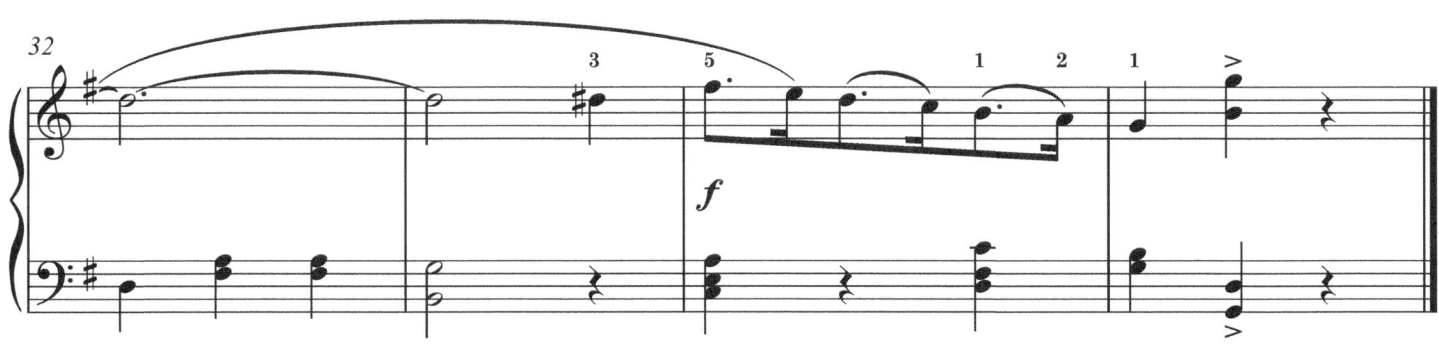

Land of Hope and Glory

Edward Elgar
(1857-1934)
Arr.: Hans-Günter Heumann

aus / from / de: Pomp and Circumstance op. 39/1 (Trio)

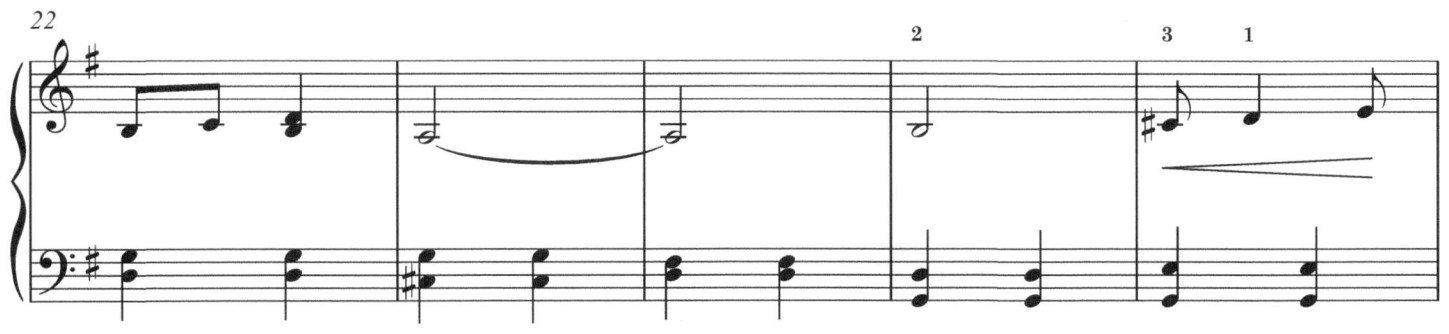

Liebestraum Nr. 3

Dream of Love No. 3 / Rêve d'amour No. 3

Franz Liszt
(1811-1886)
Arr.: Hans-Günter Heumann

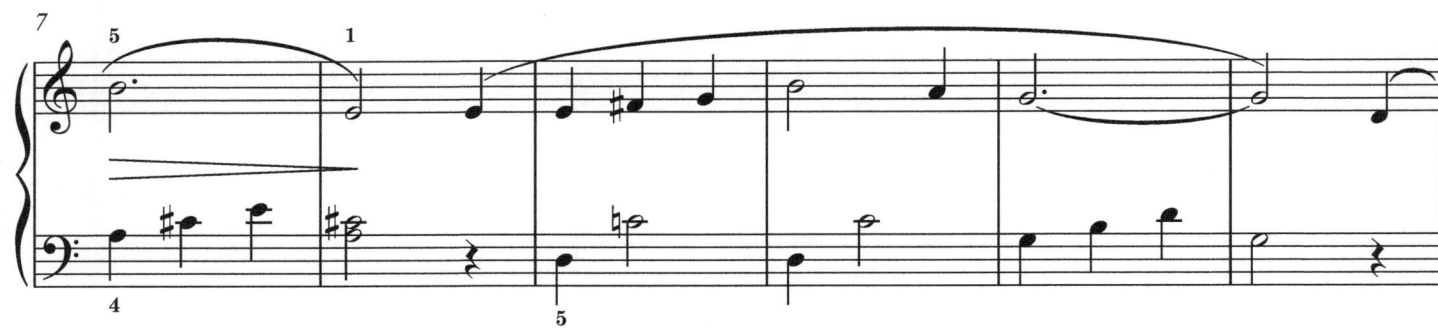

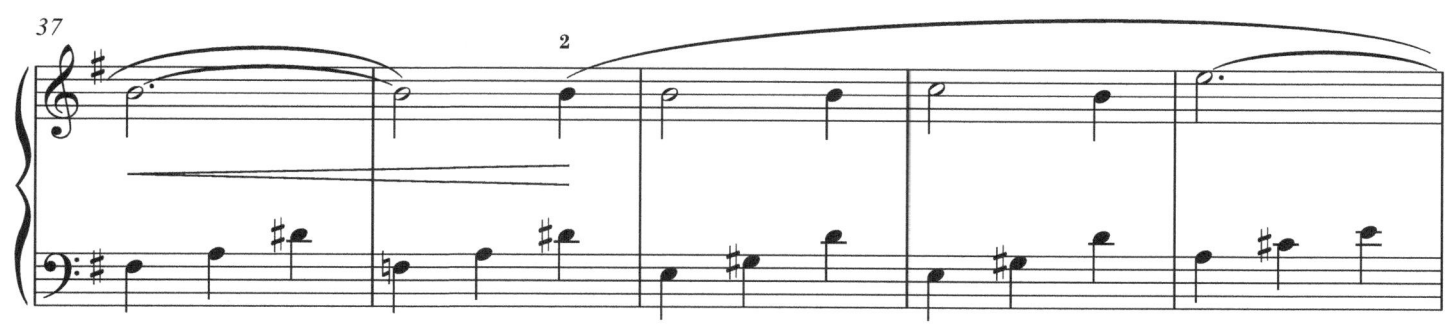

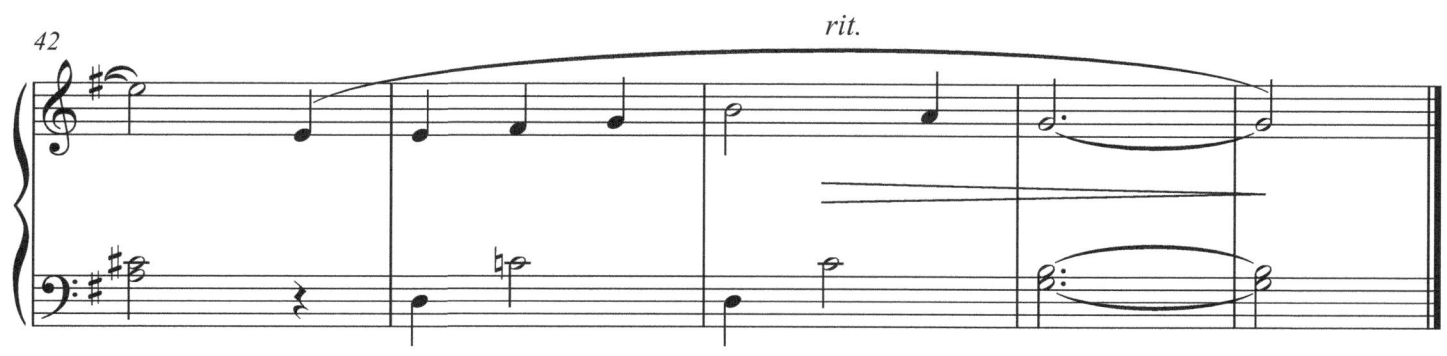

Melodie in F

Melody in F / Mélodie en Fa
op. 3/1

Anton Rubinstein
(1829-1894)
Arr.: Hans-Günter Heumann

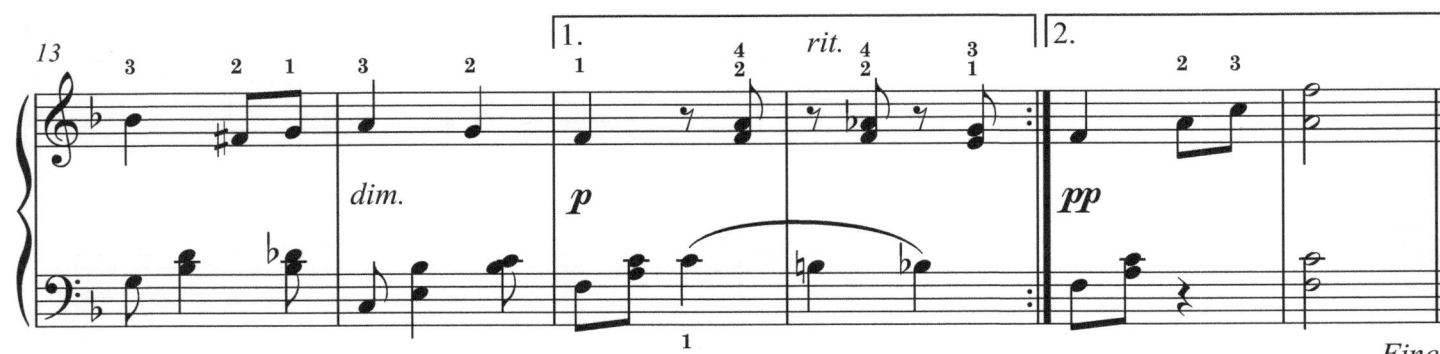

Fine

D.C. al Fine

Morgenstimmung
Morning Mood / Au matin

Edvard Grieg
(1843-1907)
Arr.: Hans-Günter Heumann

Allegretto pastorale ♩. = 48

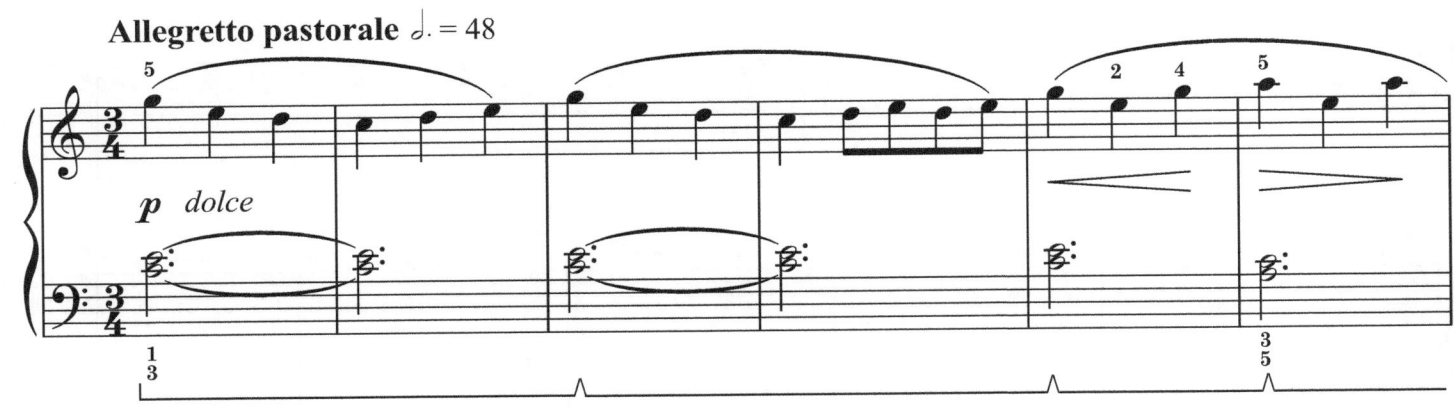

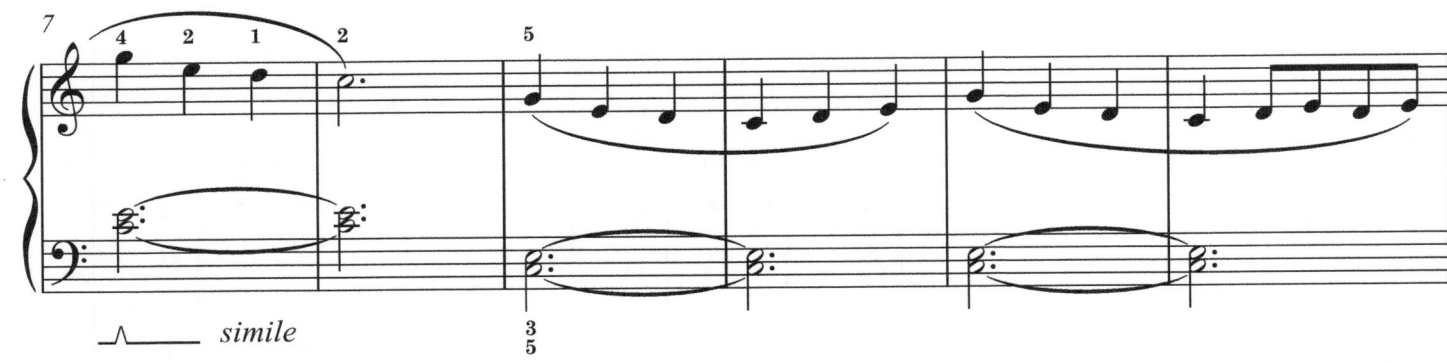

simile

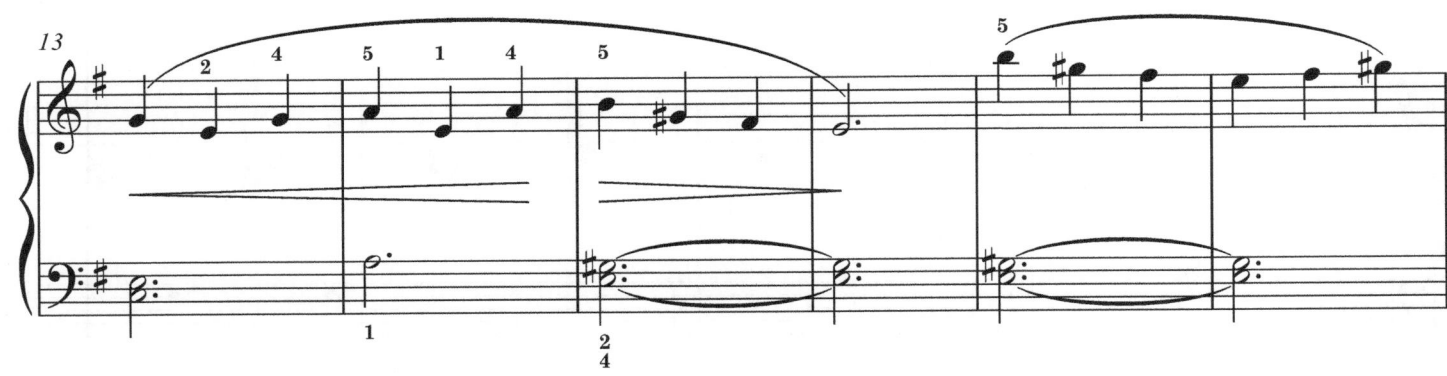

aus / from / de: Peer-Gynt Suite No. 1 op. 46

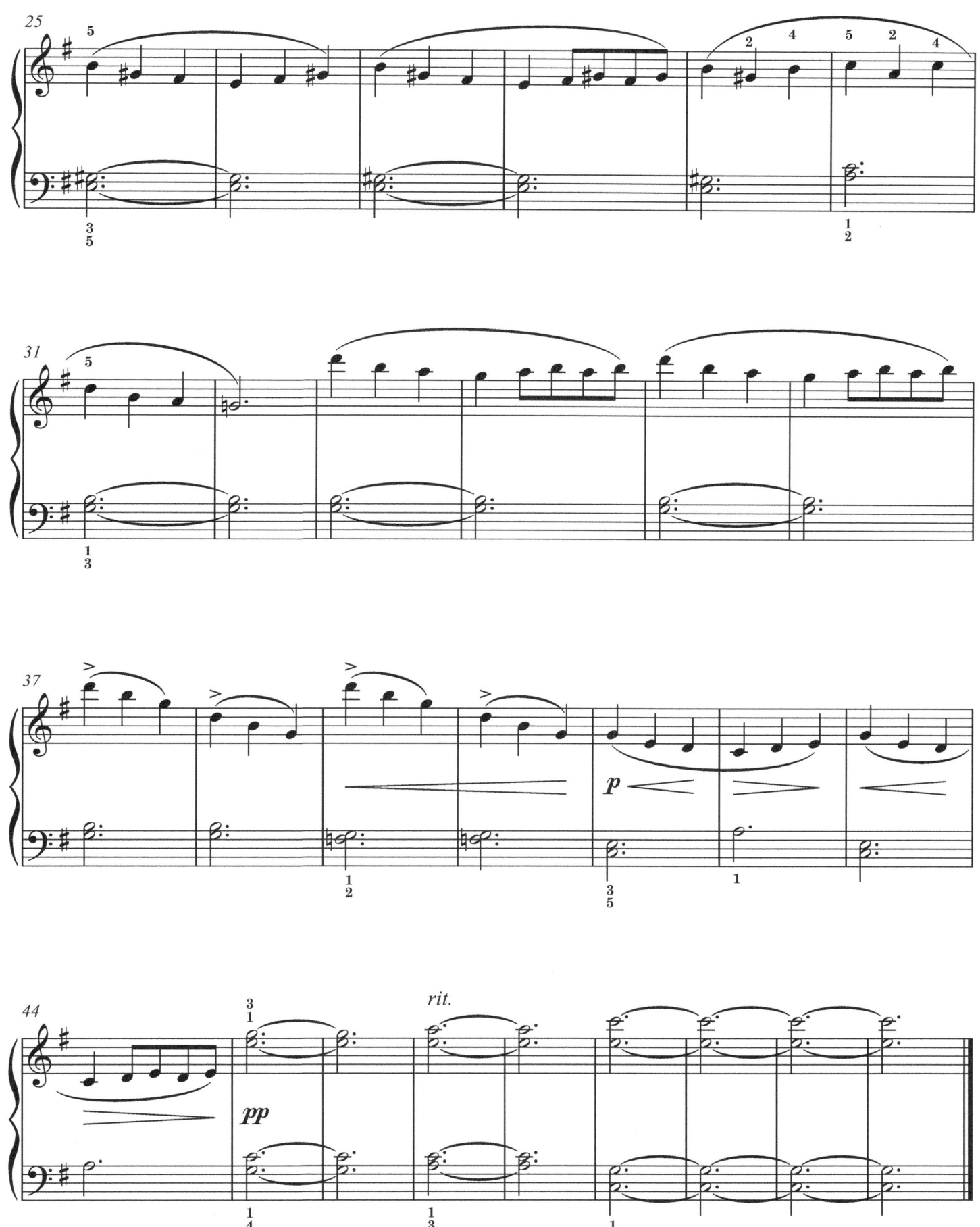

O Fortuna

Carl Orff
(1895-1982)
Arr.: Hans-Günter Heumann

aus / from / de: *Carmina burana*

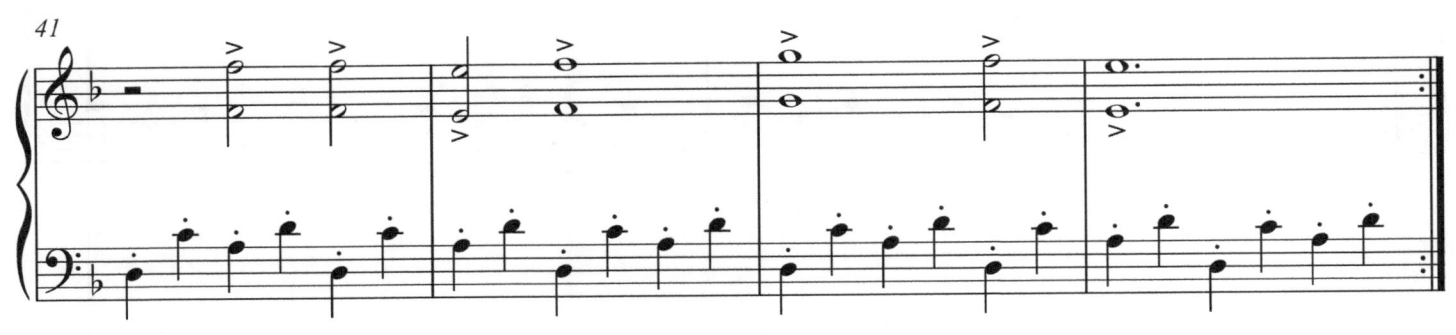

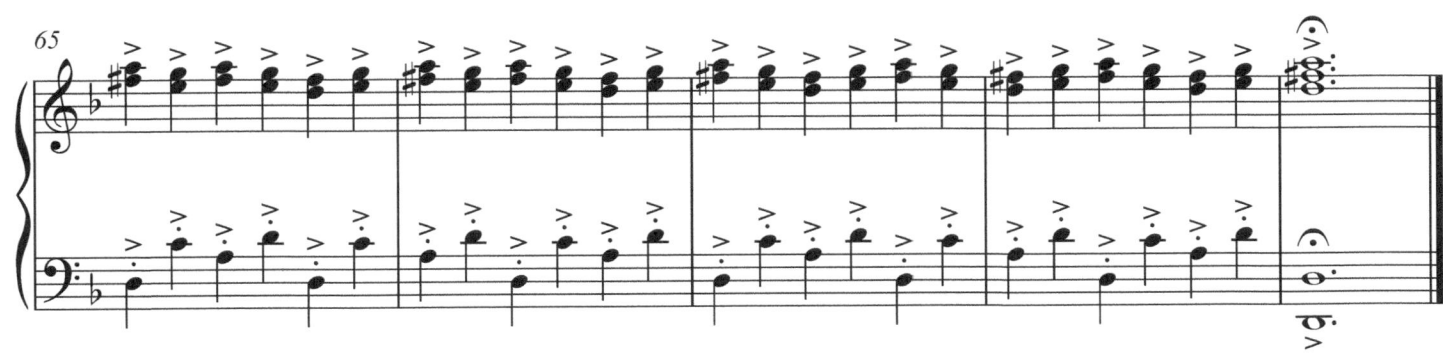

Prélude

Marc-Antoine Charpentier
(ca. 1636–1704)
Arr.: Hans-Günter Heumann

aus / from / de: Te Deum H 146

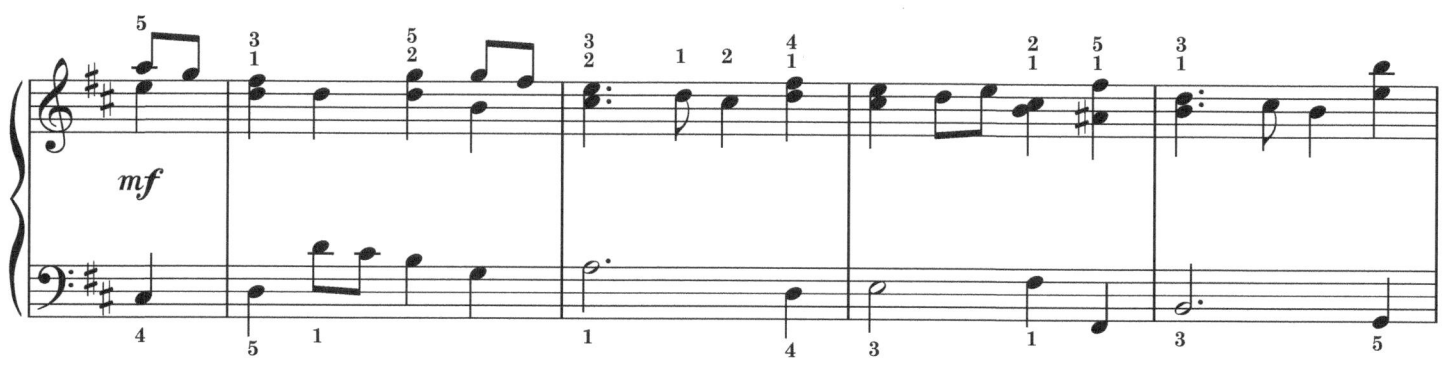

Romanze
Romance

Wolfgang Amadeus Mozart
(1756-1791)
Arr.: Hans-Günter Heumann

Andante ♩ = 60

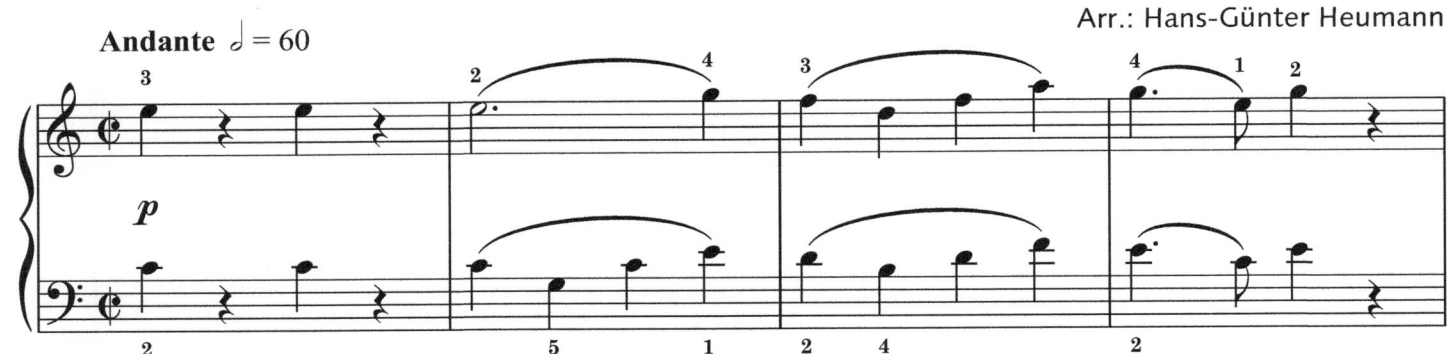

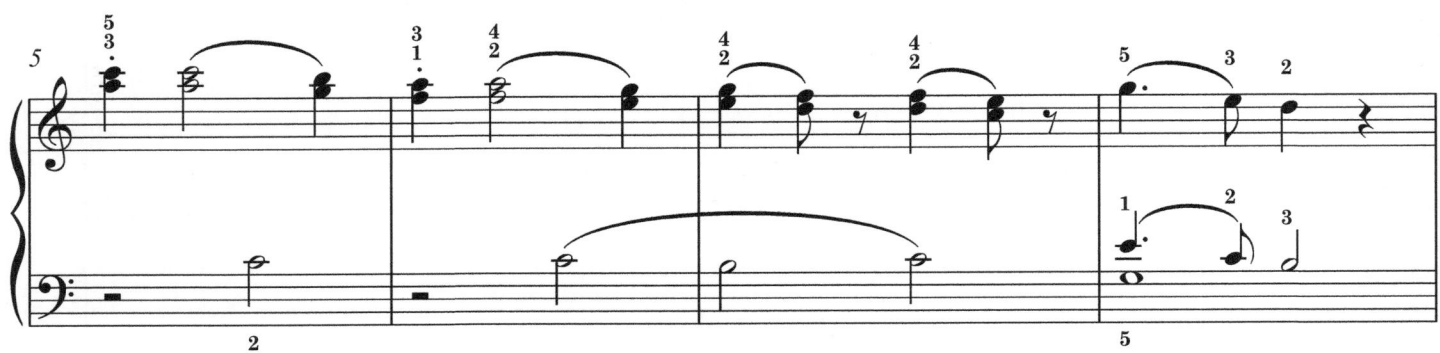

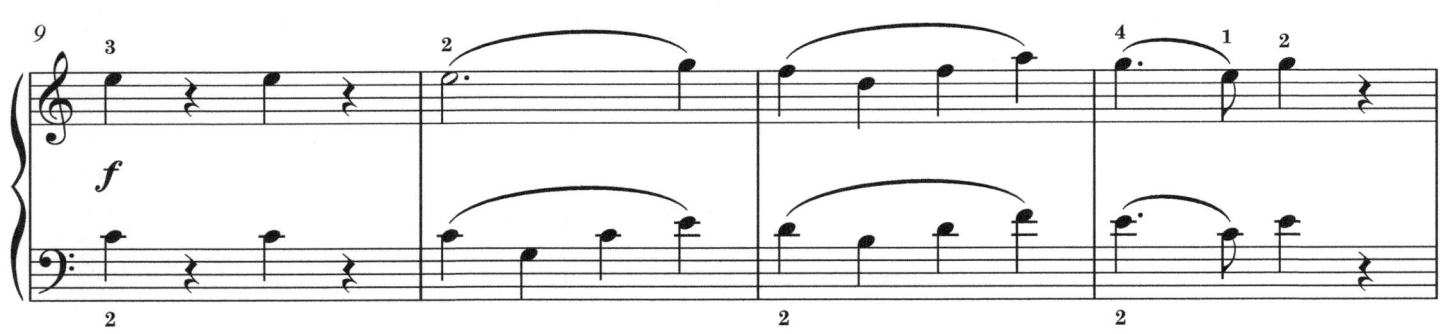

aus / from / de: Eine kleine Nachtmsuik, Thema aus dem 2. Satz / A Little Night Music, Theme from the 2nd movement /
Petite musique de nuit, Thème du 2e mouvement

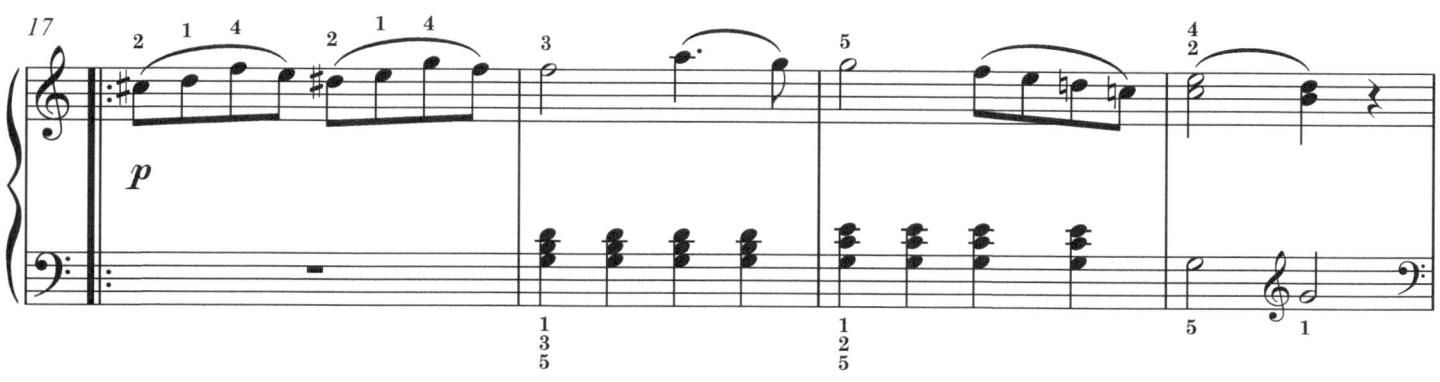

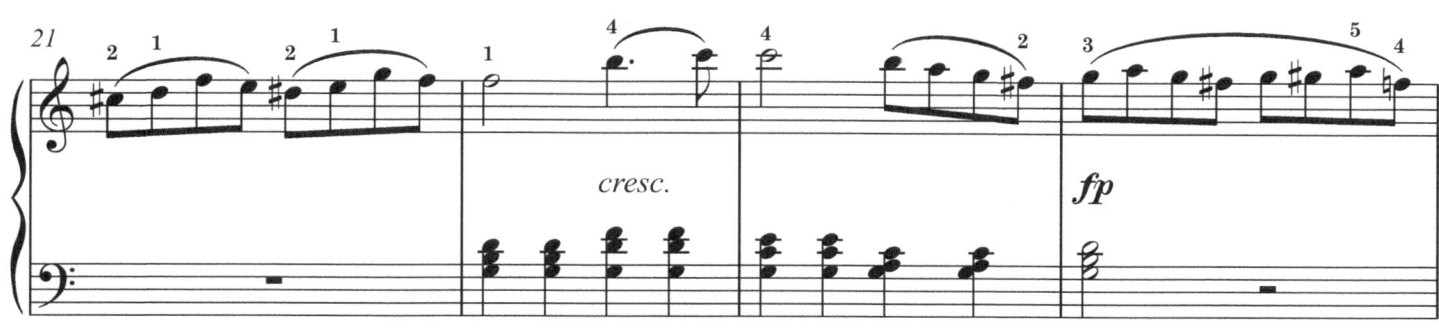

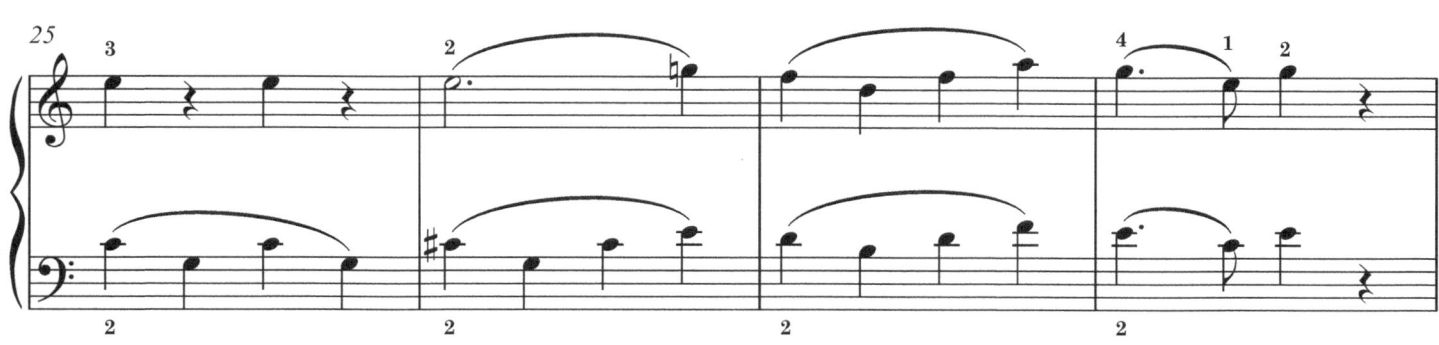

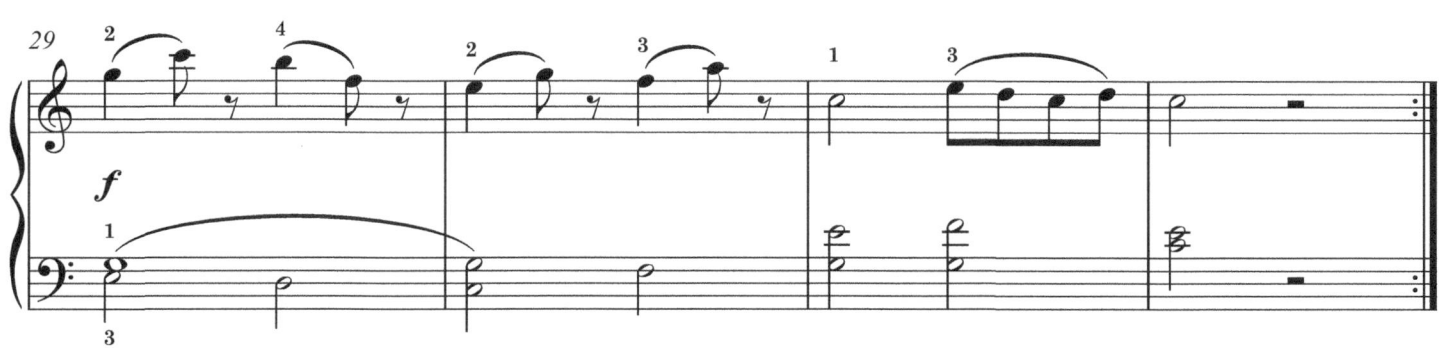

Salut d'amour
op. 12

Edward Elgar
(1857-1934)
Arr.: Hans-Günter Heumann

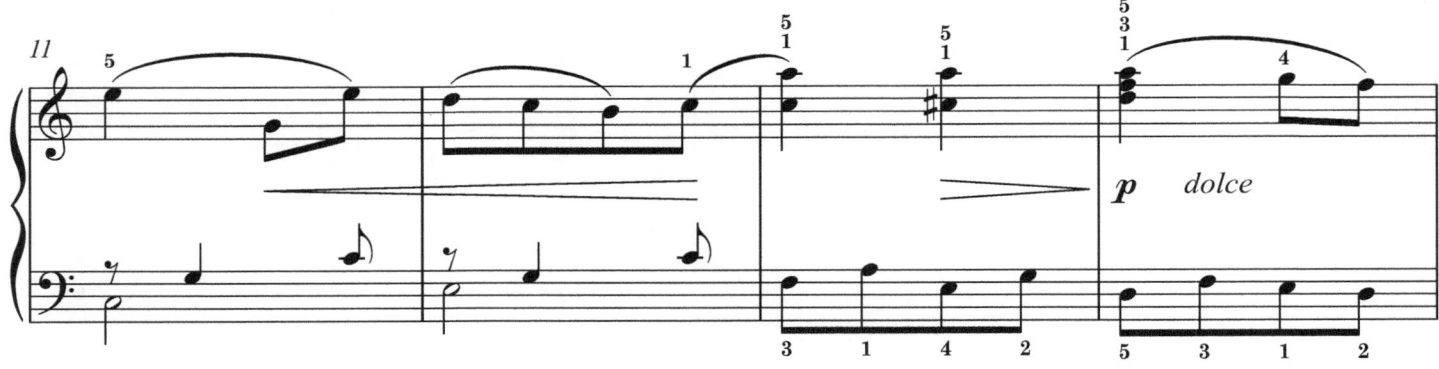

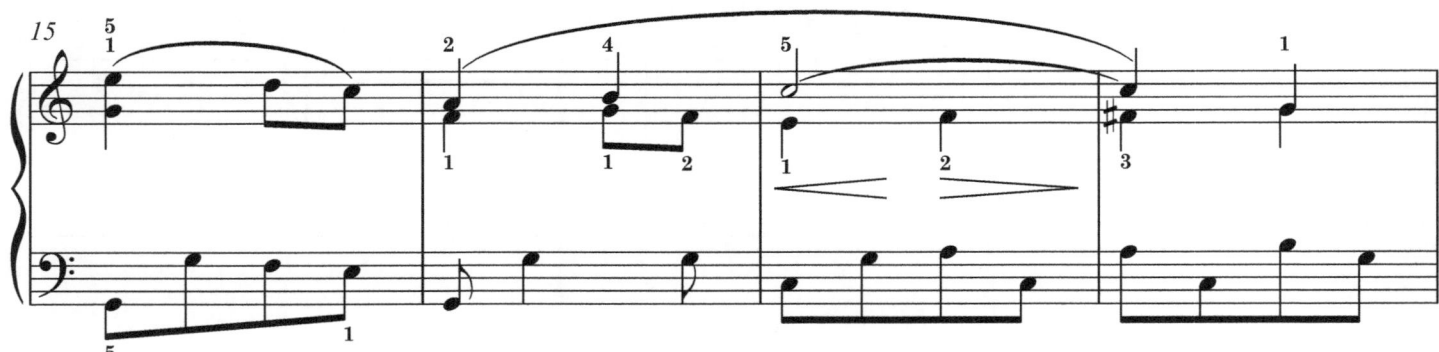

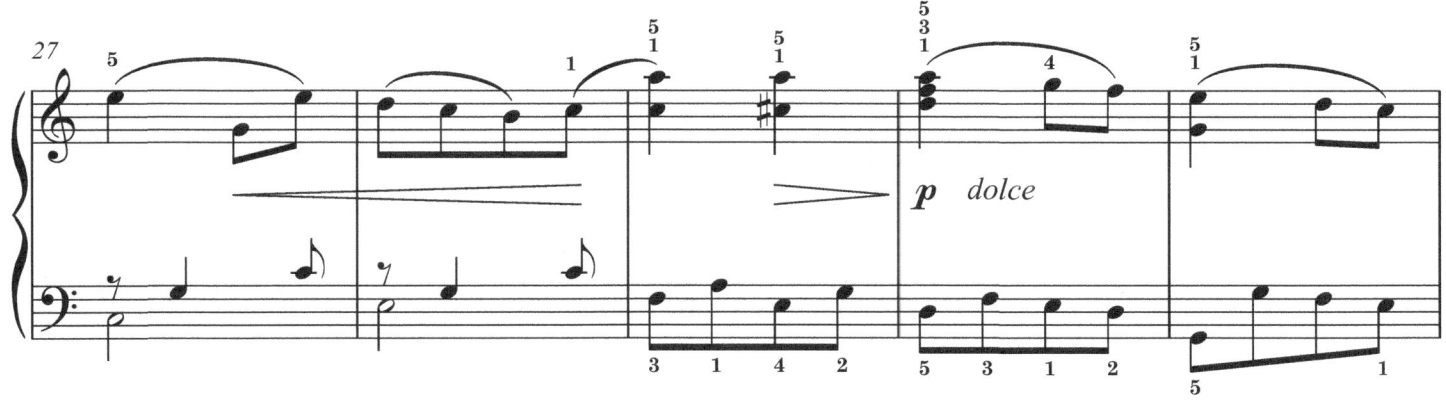

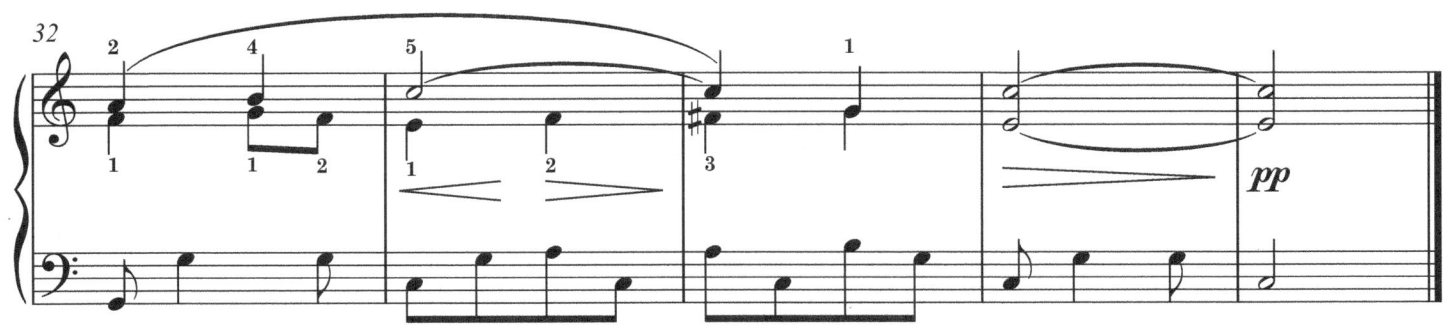

Schwanensee

Swan Lake / Le lac des cygnes

Thema aus dem Ballett / Theme from the Ballet / Thème du Ballet

opus 20

Peter Iljitsch Tschaikowsky
(1840-1883)
Arr.: Hans-Günter Heumann

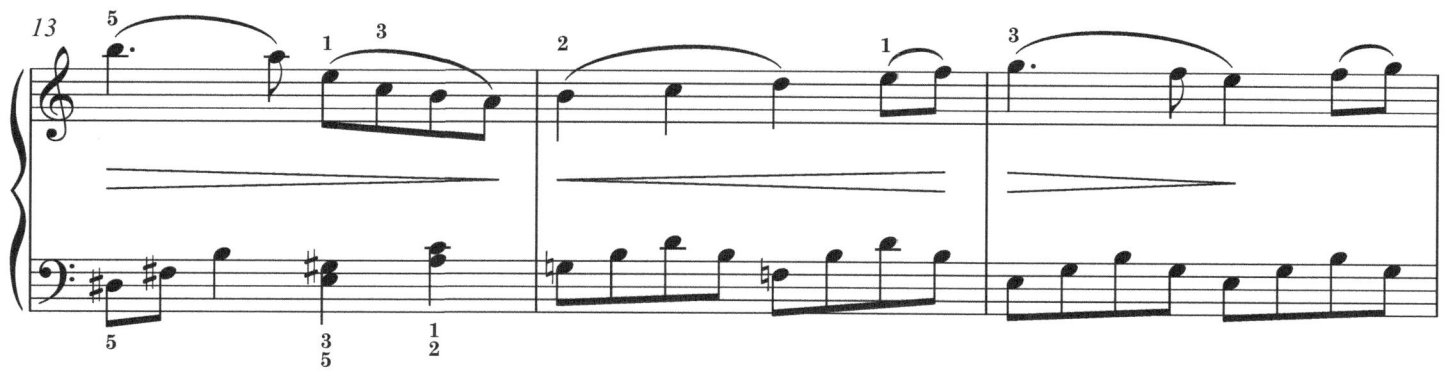

Serenade

op. 3/5, Hob. III:17

Joseph Haydn
(1732-1809)
Arr.: Hans-Günter Heumann

aus / from / de: Streichquartett F-Dur / String Quartet F major / Quatour à cordes Fa majeur

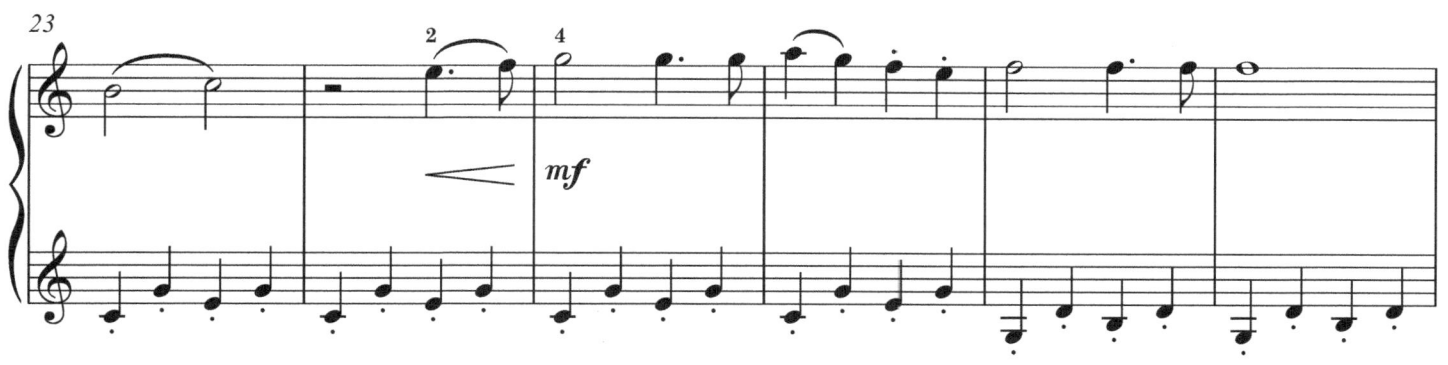

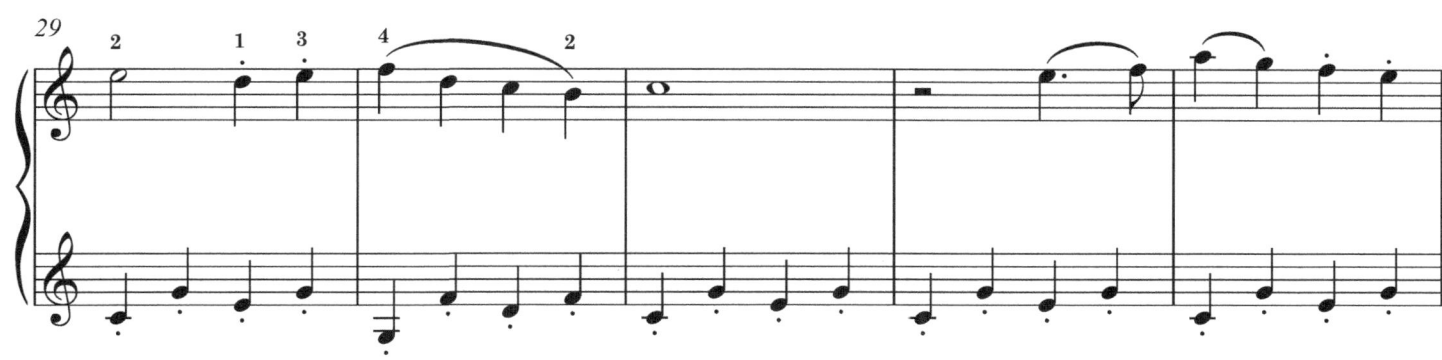

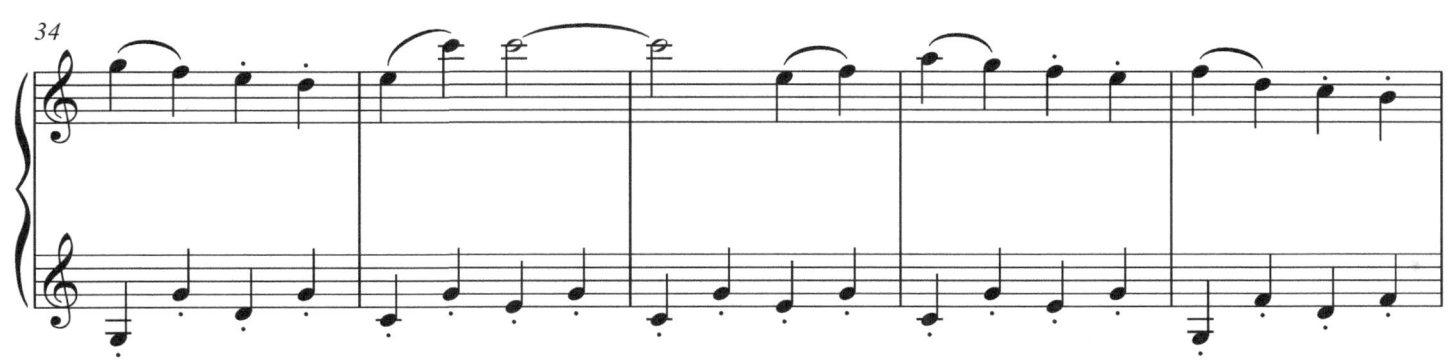

Sinfonie „Aus der Neuen Welt"

Symphony "From the New World" / Symphonie "Du Nouveau Monde"

2. Satz / 2nd movement / 2e mouvement

Antonín Dvořák
(1841-1904)
Arr.: Hans-Günter Heumann

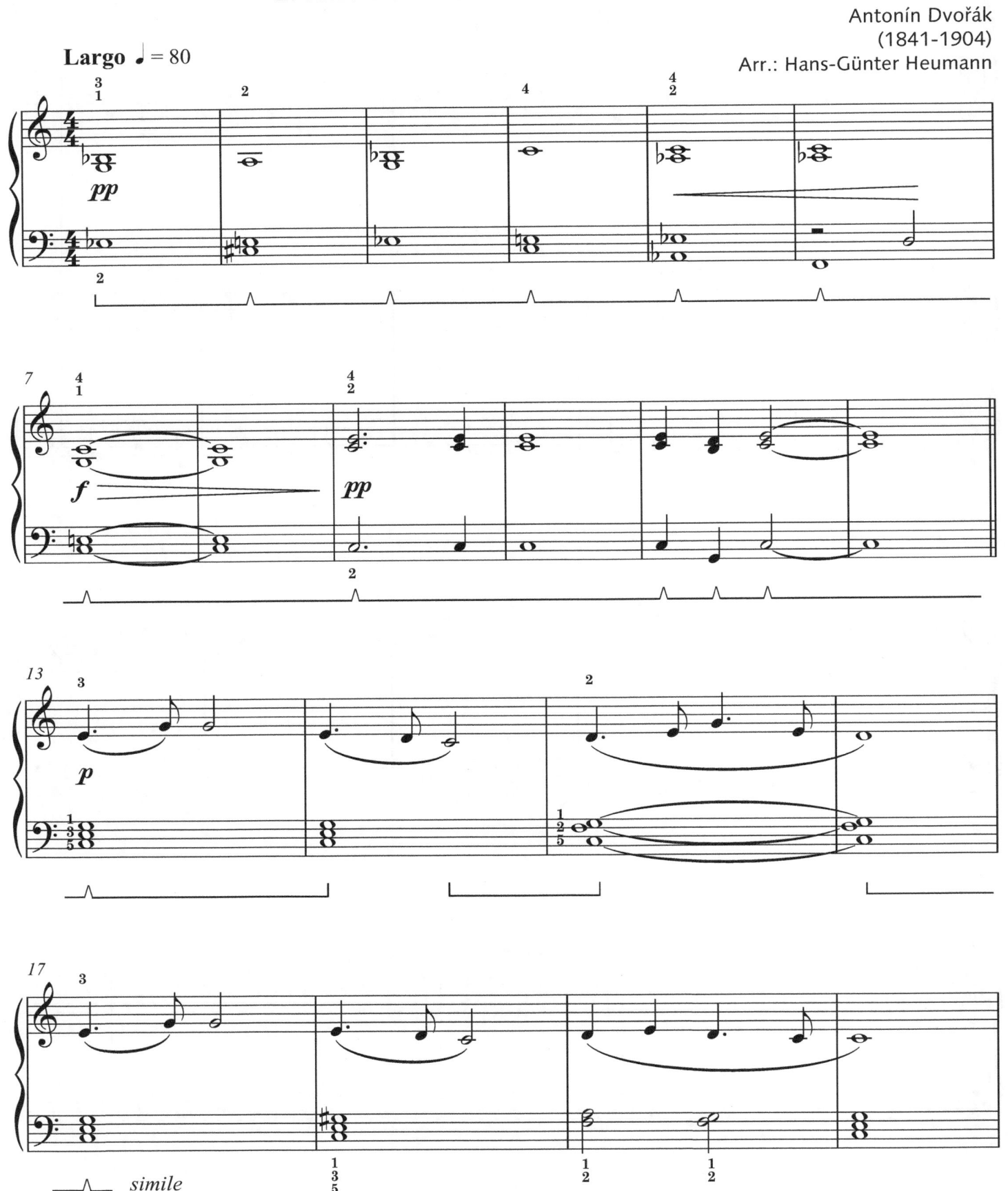

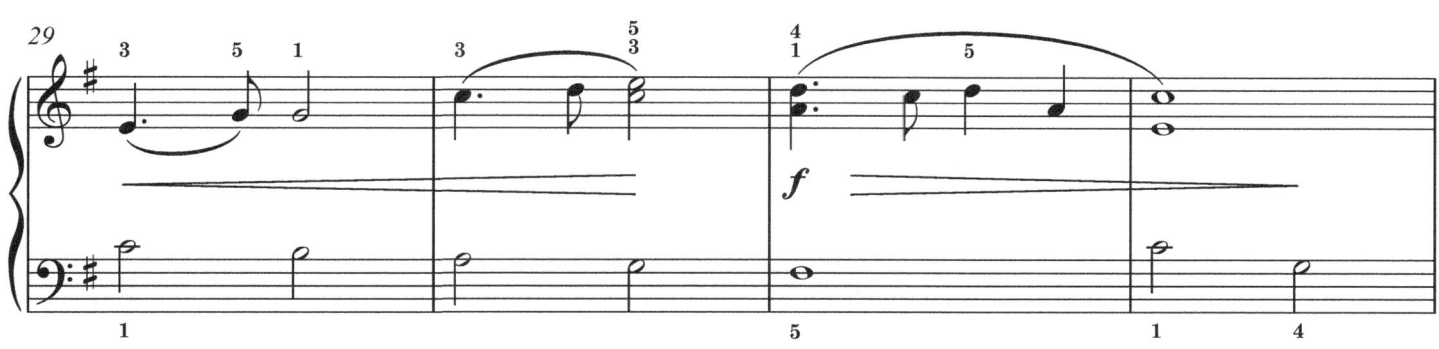

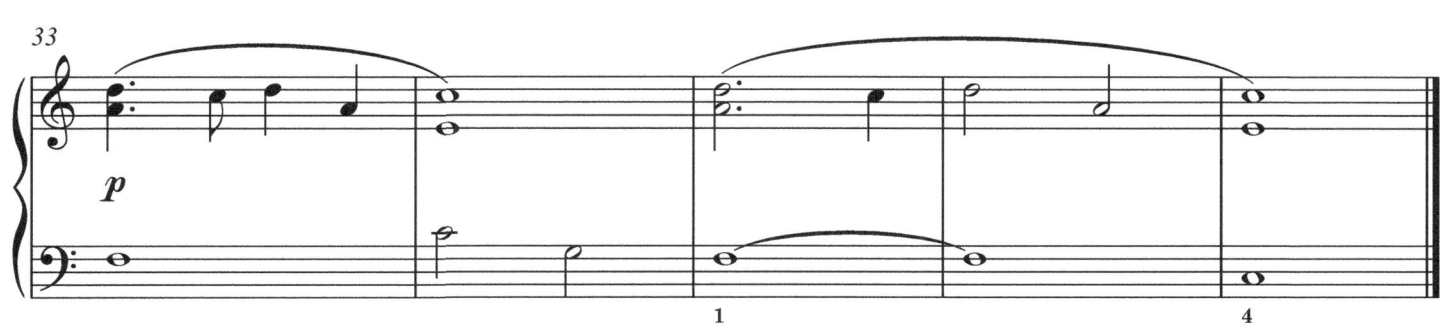

Sinfonie „Mit dem Paukenschlag"

Symphony "Surprise" / Symphonie "La Surprise"

2. Satz / 2nd movement / 2e mouvement, Hob. I:94

Joseph Haydn
(1732-1809)
Arr.: Hans-Günter Heumann

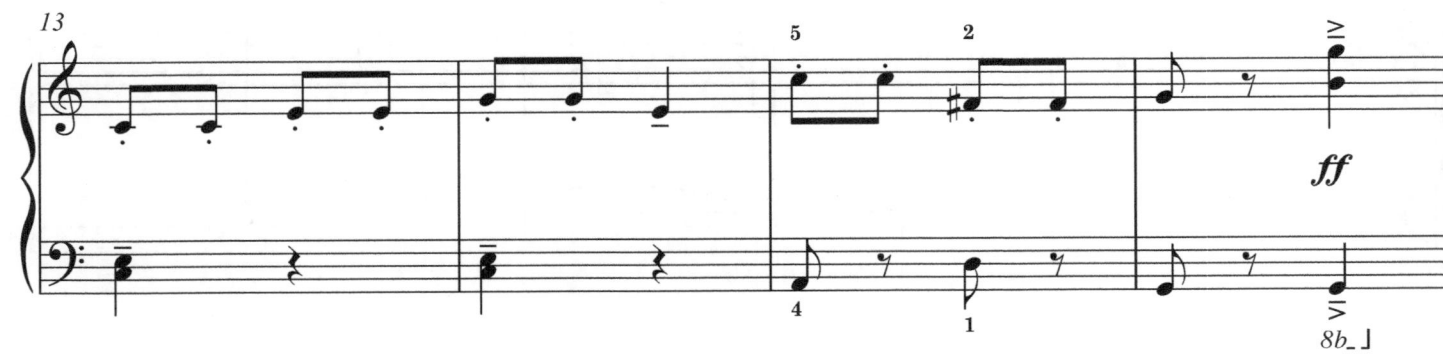

Träumerei
Reveries / Rêverie
op. 15/7

Robert Schumann
(1810-1856)
Arr.: Hans-Günter Heumann

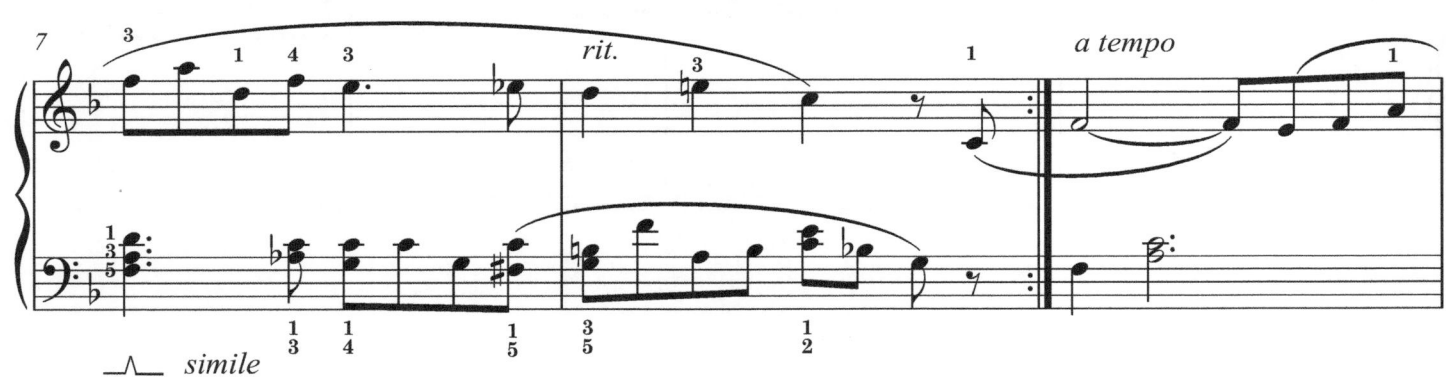

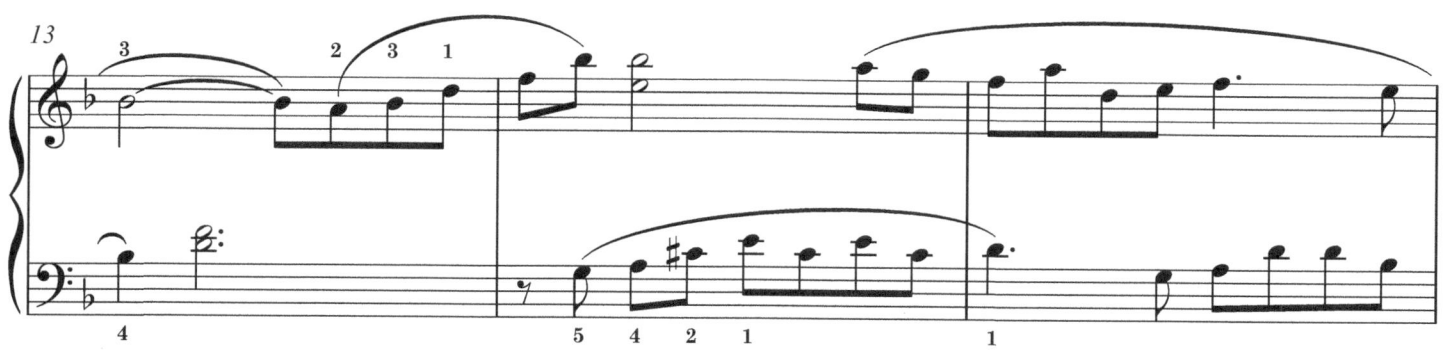

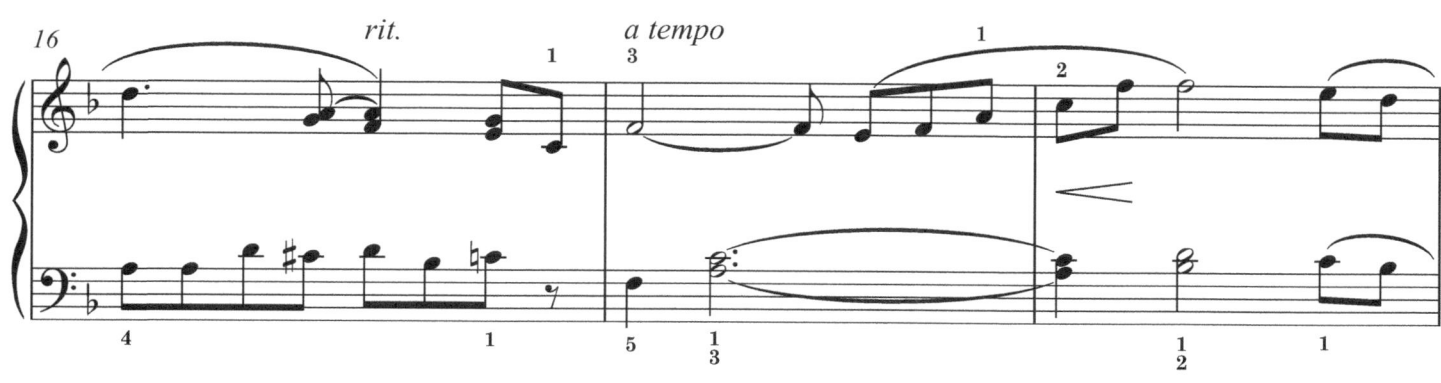

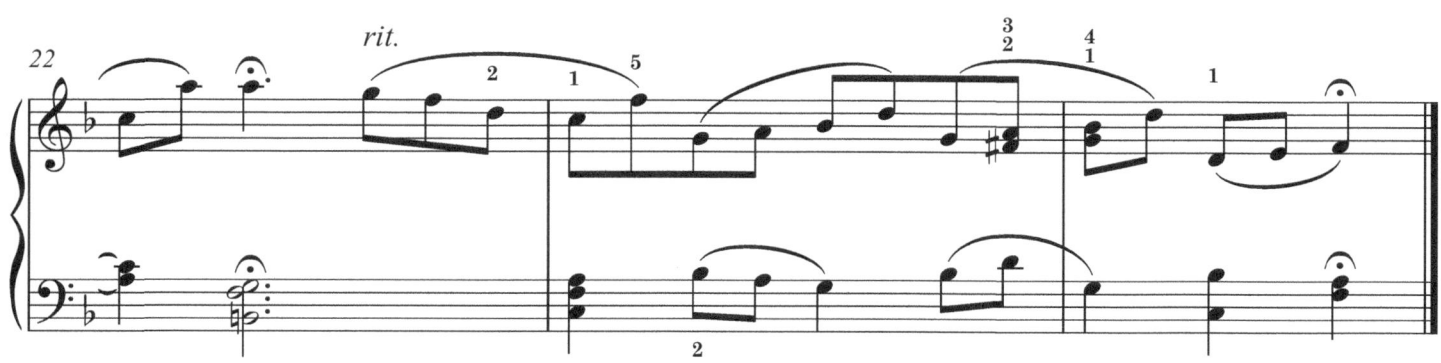

Tristesse
Etüde / Etude / Ètude
op.10/3

Frédéric Chopin
(1810-1849)
Arr.: Hans-Günter Heumann

Lento ma non troppo ♩ = 56

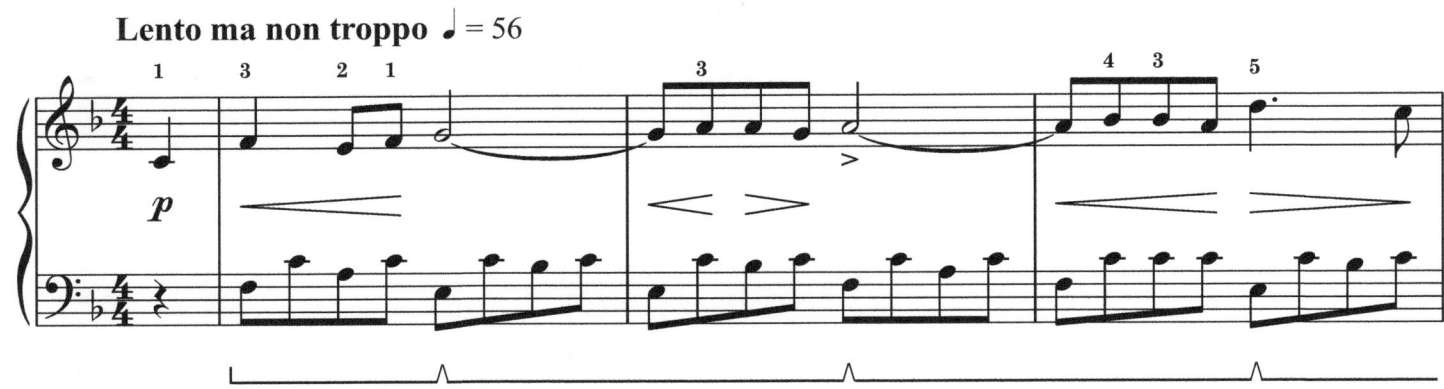

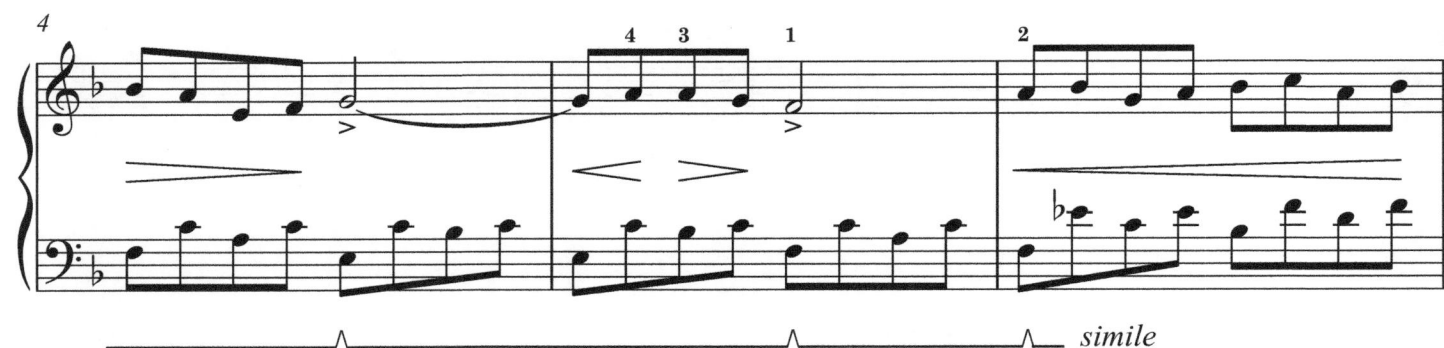

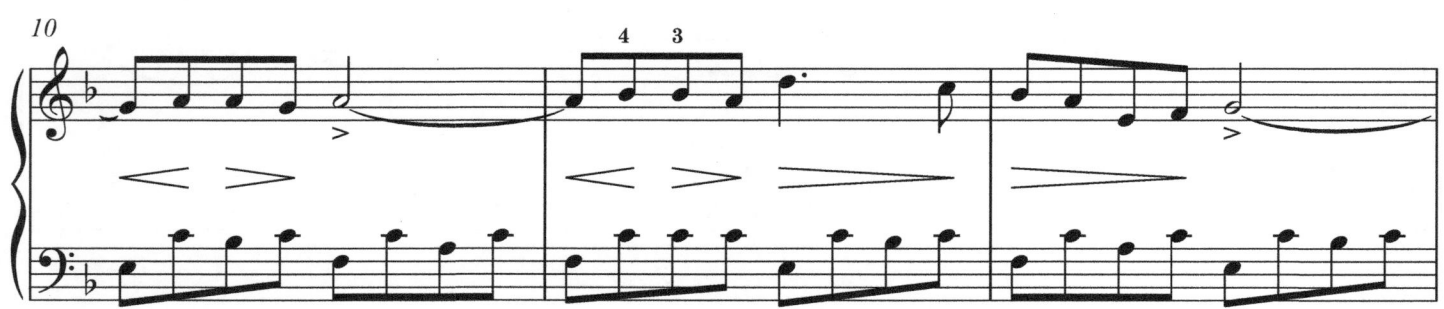

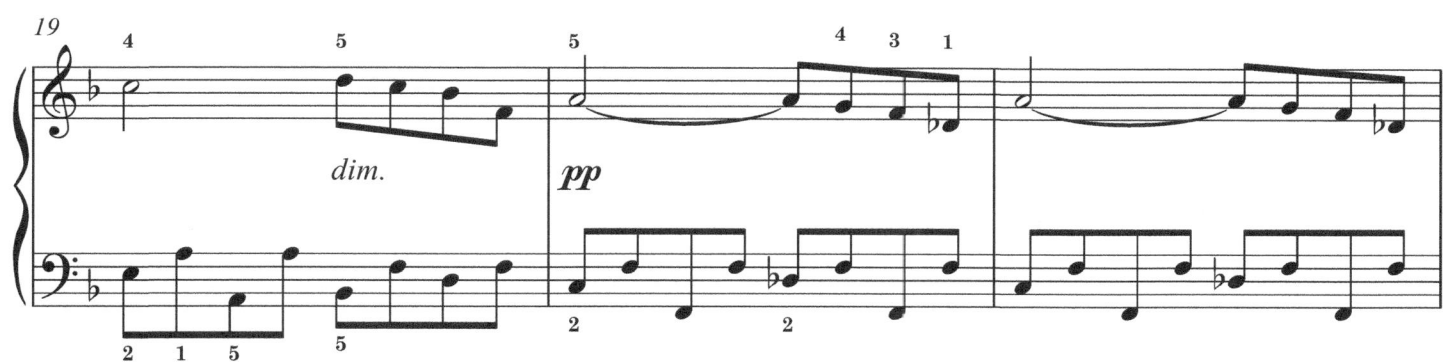

Trumpet Tune

Jeremiah Clarke
(1674-1707)
Arr.: Hans-Günter Heumann

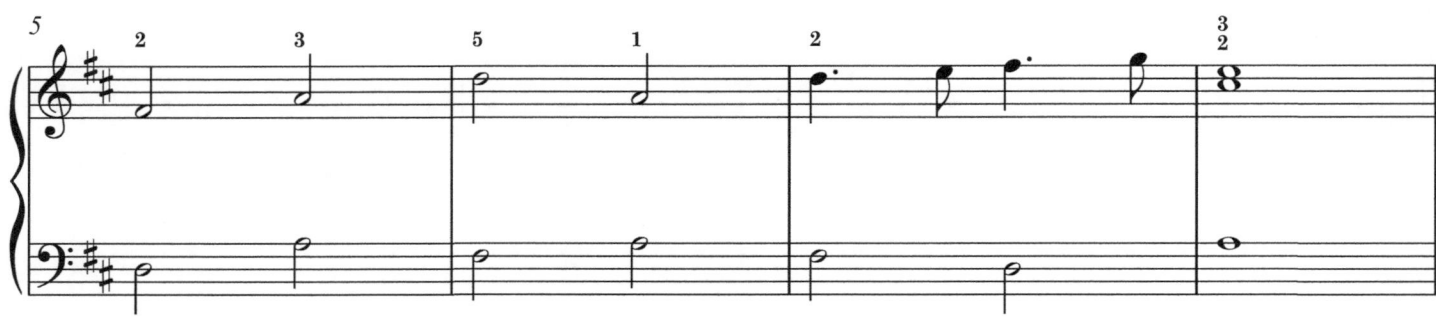

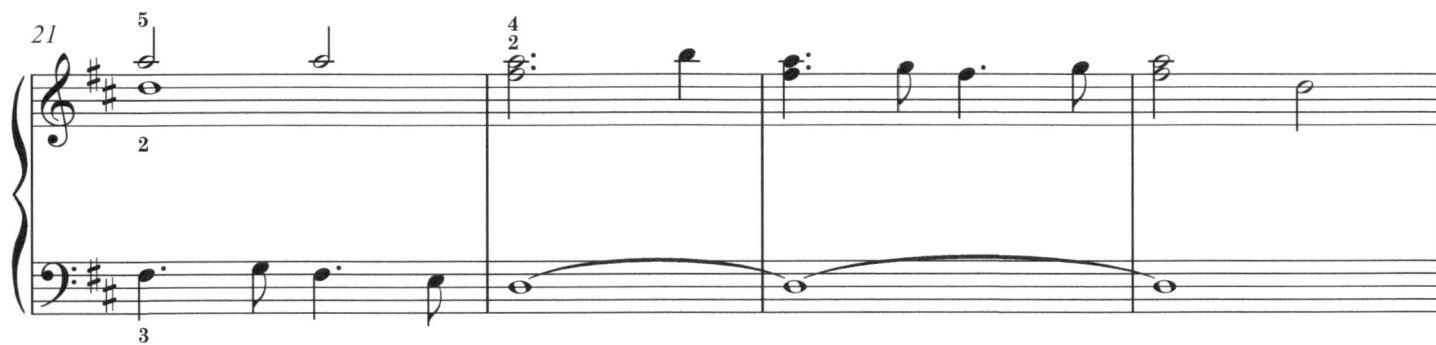

Türkischer Marsch
Turkish March / La Marche turque

Ludwig van Beethoven
(1770-1827)
Arr.: Hans-Günter Heumann

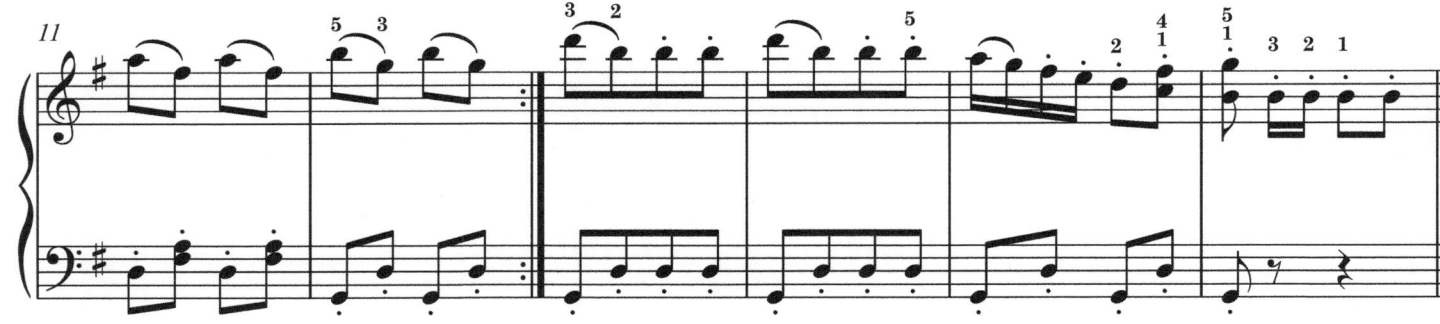

aus / from / de: Die Ruinen von Athen / The Ruins from Athens / Les Ruines d'Athènes op. 113

Ungarischer Tanz Nr. 5
Hungarian Dance No. 5 / Danse hongroise No. 5

Johannes Brahms
(1833-1897)
Arr.: Hans-Günter Heumann

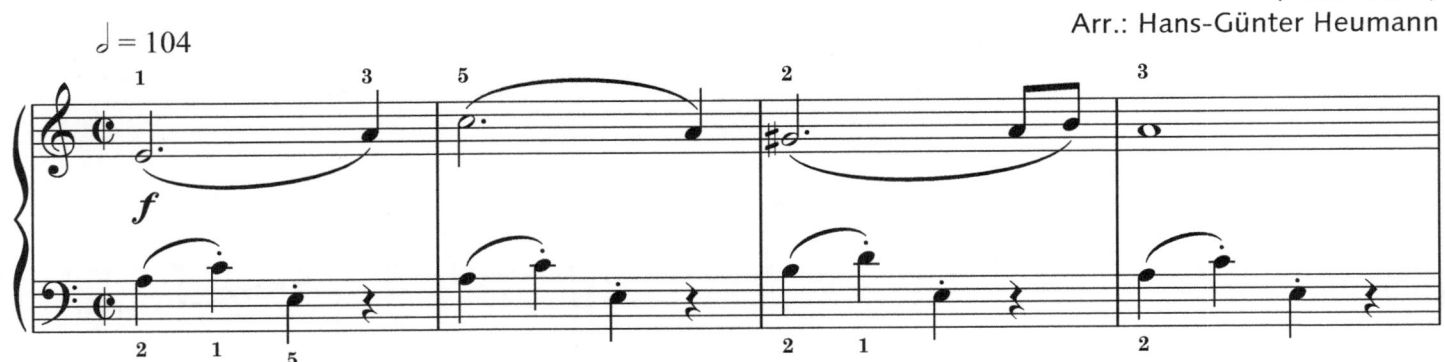

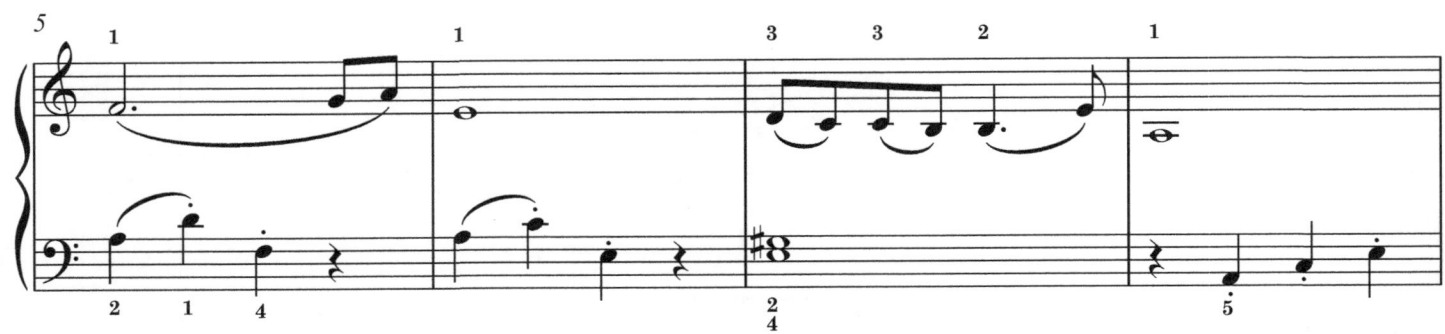

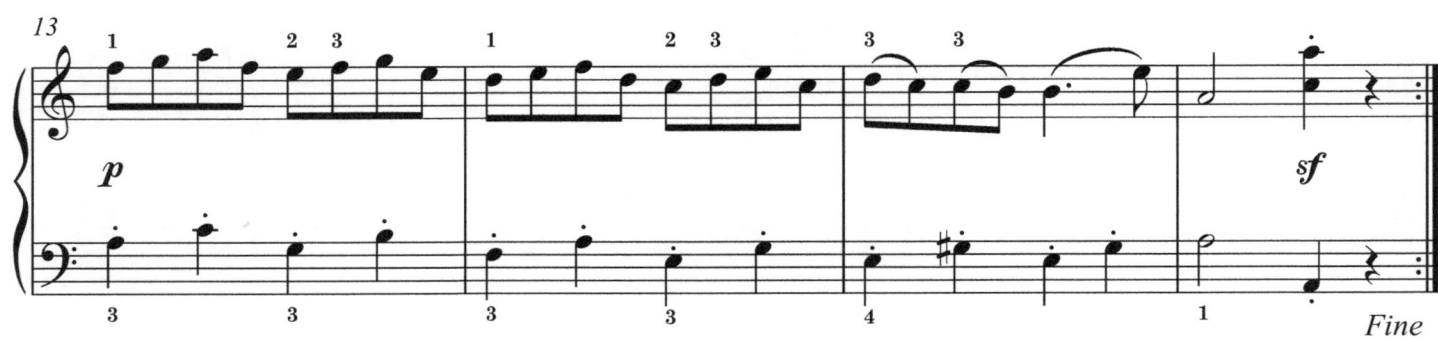

Fine

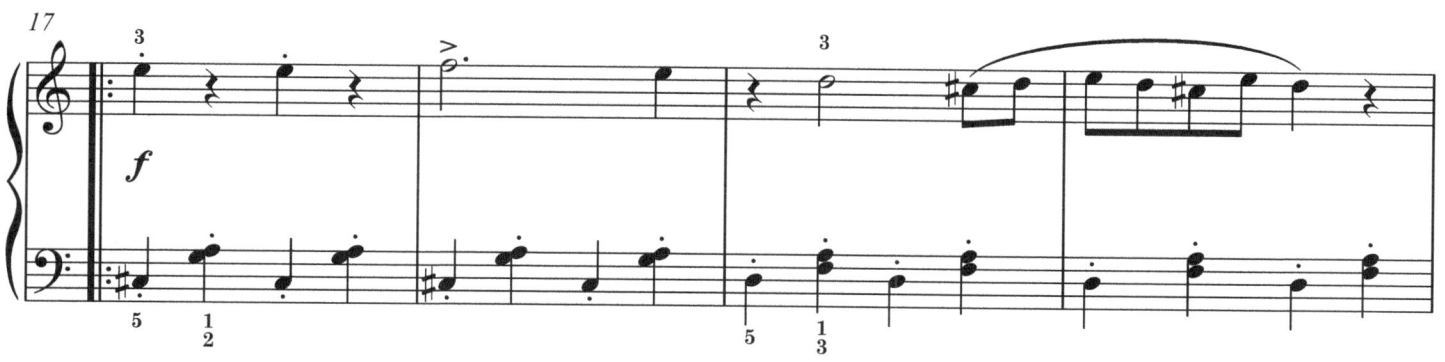

Wiegenlied
Lullaby / Berceuse
op. 49/4

Johannes Brahms
(1833-1897)
Arr.: Hans-Günter Heumann

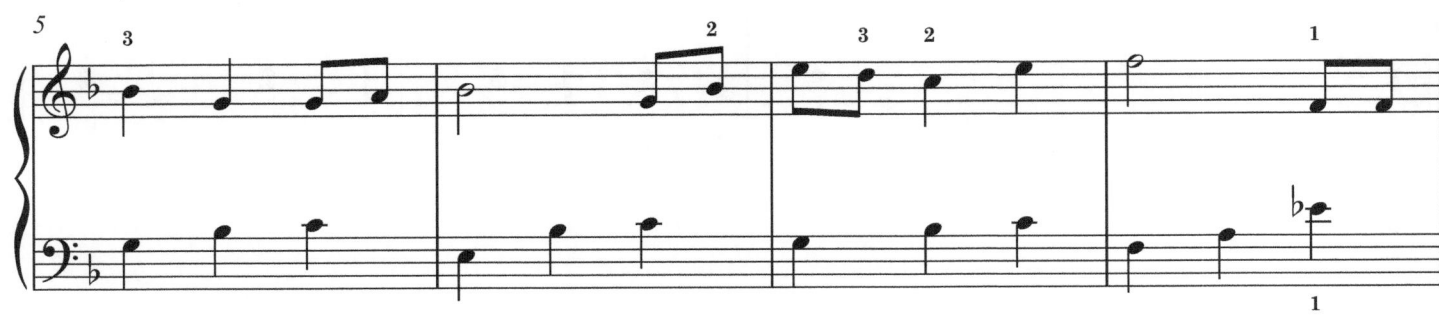

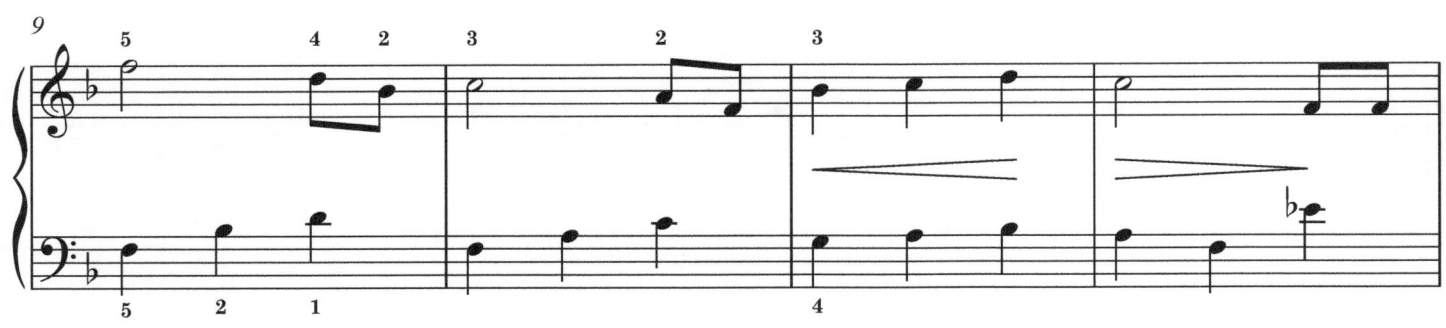

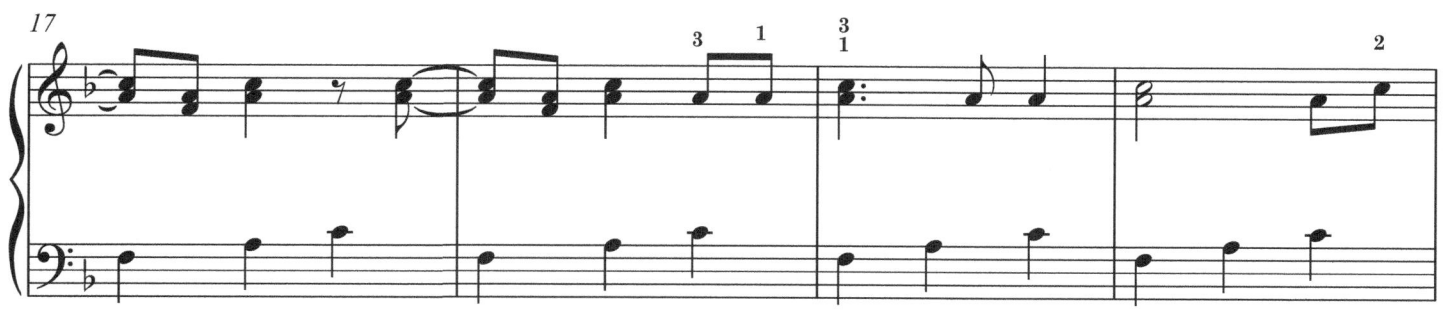

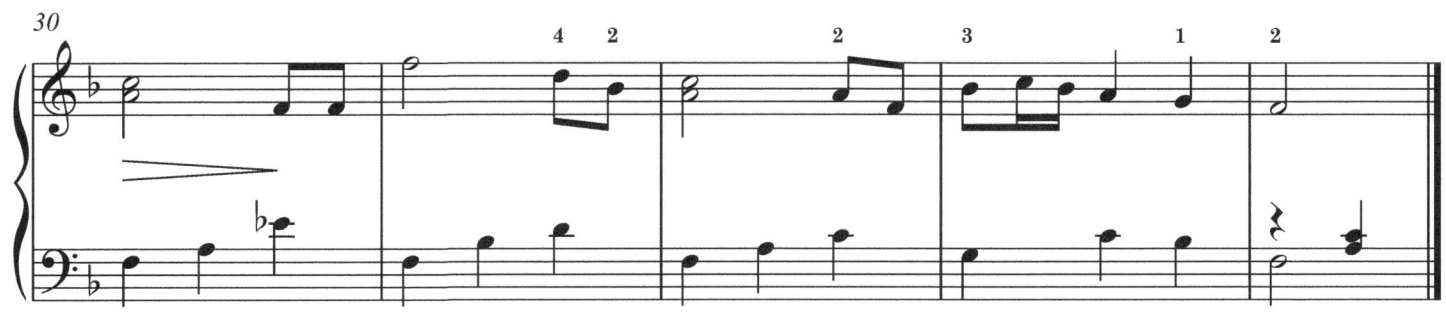

Wilhelm Tell
William Tell / Guillaume Tell

Gioacchino Rossini
(1792-1868)
Arr.: Hans-Günter Heumann

Allegro vivace ♩ = 100

aus / from / de: Ouvertüre der Oper / Overture of the Opera / Ouverture de l'Opéra

Backwater Blues
Bessie Smith

Traditional
Arr.: Hans-Günter Heumann

When it rains five days, and the sky turns dark as night,

when it rains five days, and the sky turns dark as night,

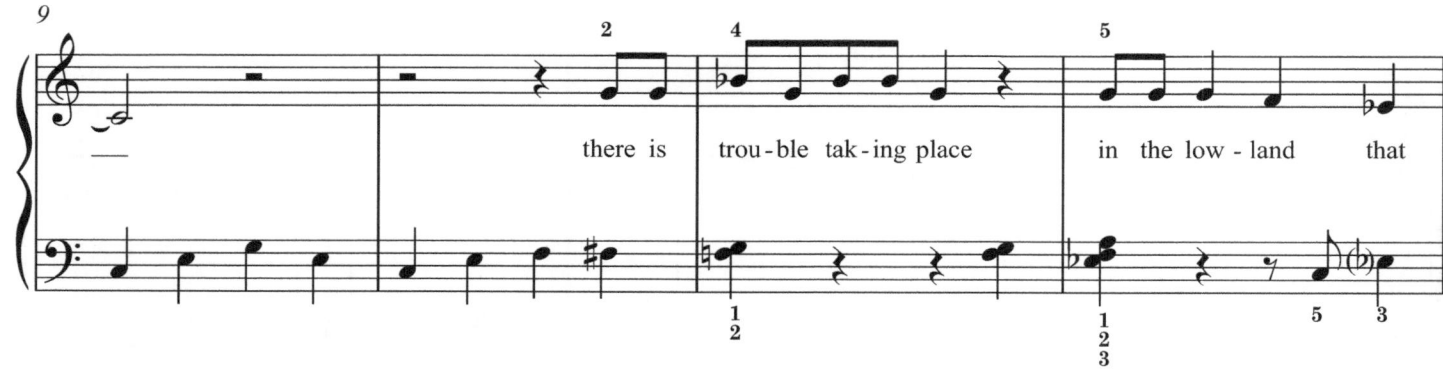

there is trou-ble tak-ing place in the low-land that

rit.

night. When it night.

Come, Missa Tallyman

Harry Belafonte

Traditional / Jamaica / La Jamaïque
Arr.: Hans-Günter Heumann

Bella Bimba
Dean Martin

Traditional / Italien / Italy / L'Italie
Arr.: Hans-Günter Heumann

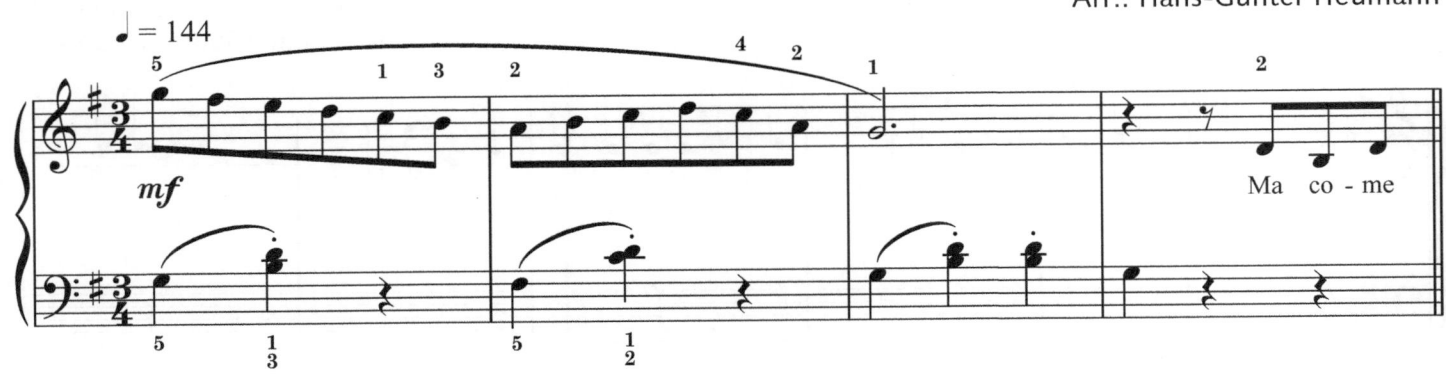

Ma co - me

bal - li be - ne bel - la bim - ba, bel - la bim - ba, bel - la bim - ba. Ma co - me

bal - li be - ne bel - la bim - ba, co - me bal - li, bal - li ben!

Guar - da che pas - sa, la vil - la - nel - la,

a - gi - le e snel - la, sa - ben bal - lar. Ma co - me

bal - li be - ne bel - la bim - ba, bel - la bim - ba, bel - la bim - ba. Ma co - me

bal - li be - ne bel - la bim - ba, co - me bal - li, bal - li ben!

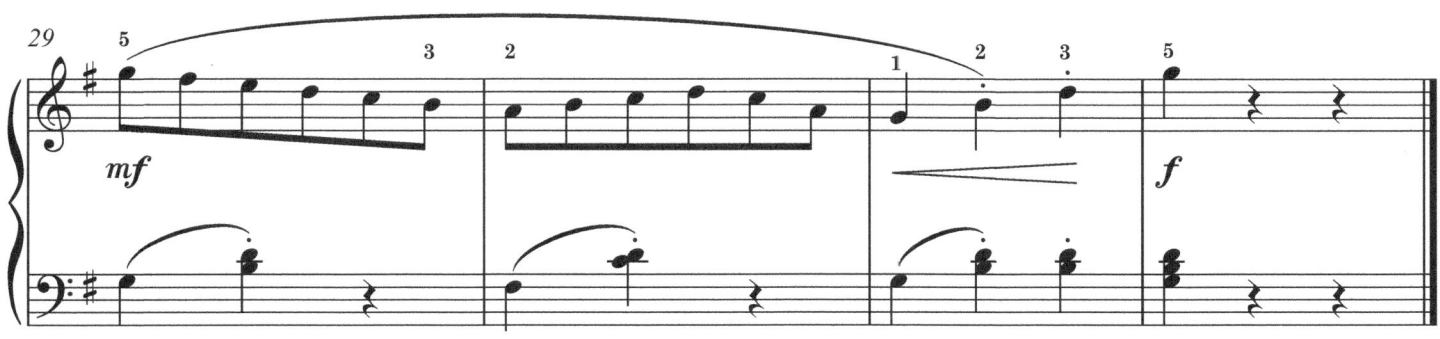

mf   f

Down by the Riverside

Gospel / USA
Arr.: Hans-Günter Heumann

Easy Rider Blues

Traditional / USA
Arr.: Hans-Günter Heumann

Frankie and Johnny

Traditional / USA
Arr.: Hans-Günter Heumann

Frank-ie and John - ny were lov-ers,___

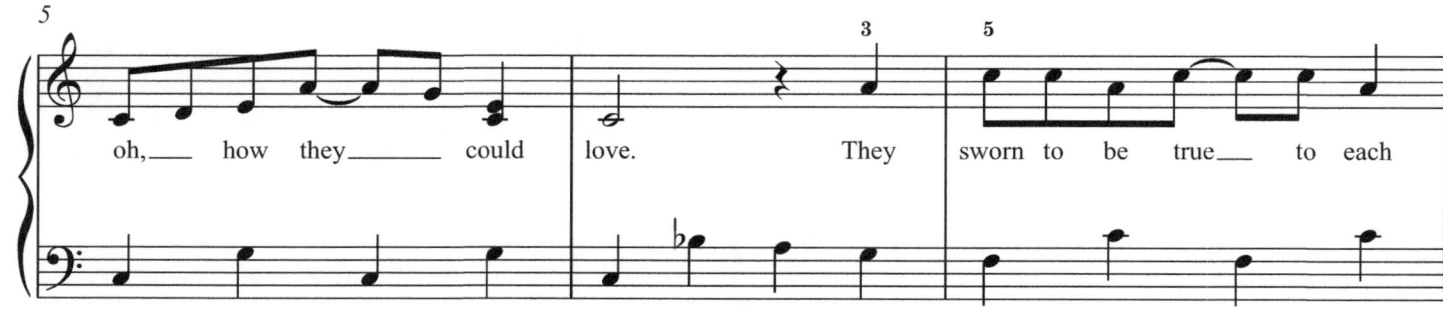

oh,___ how they___ could love. They sworn to be true___ to each

oth - er,___ true to the skies a - bove. He was her man

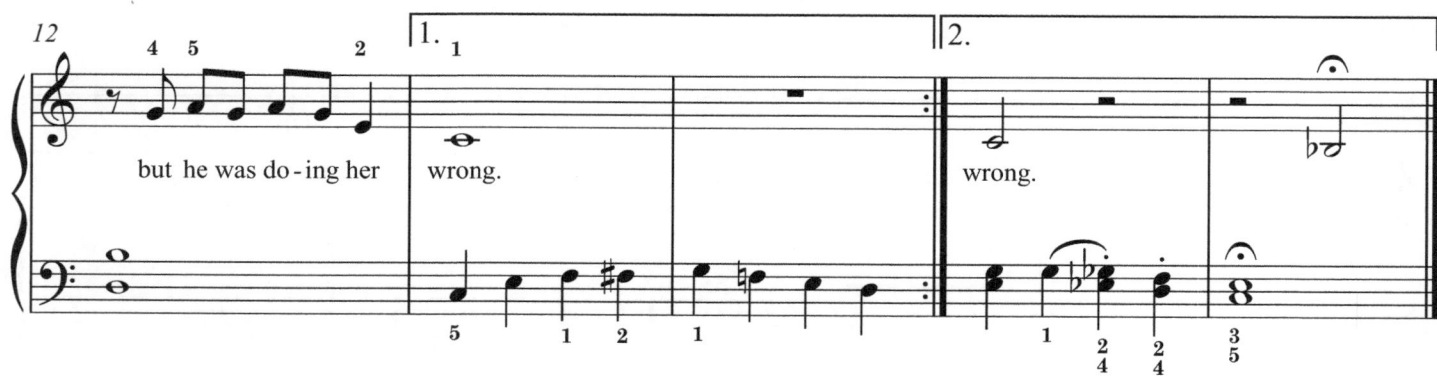

but he was do-ing her wrong. wrong.

Greensleeves

Traditional / England /L'Angleterre
Arr.: Hans-Günter Heumann

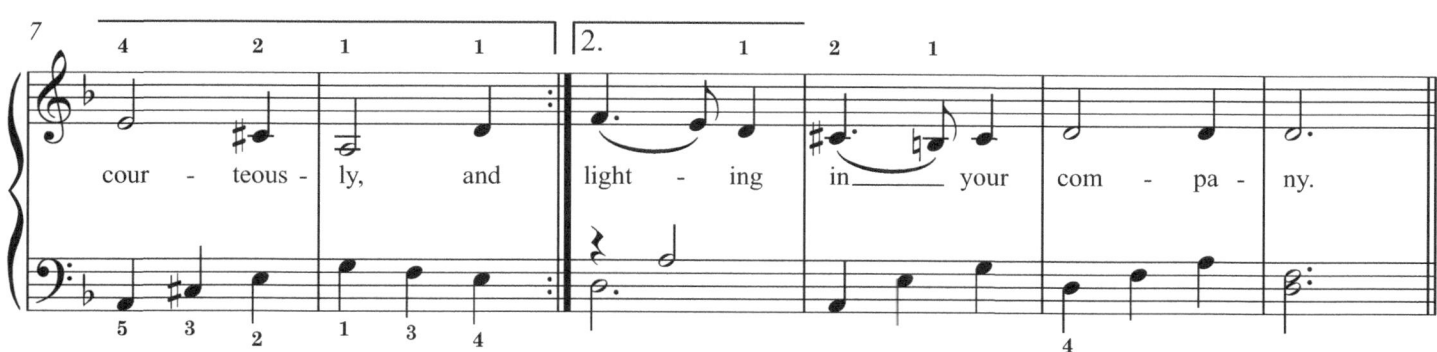

aus / from / de: Lautenbuch / Lute Book / Livre du luth, William Ballet, 1580

Hava Nagila

Traditional / Israel / Israël
Arr.: Hans-Günter Heumann

Ha - va na - gi - la, ha - va na - gi - la,

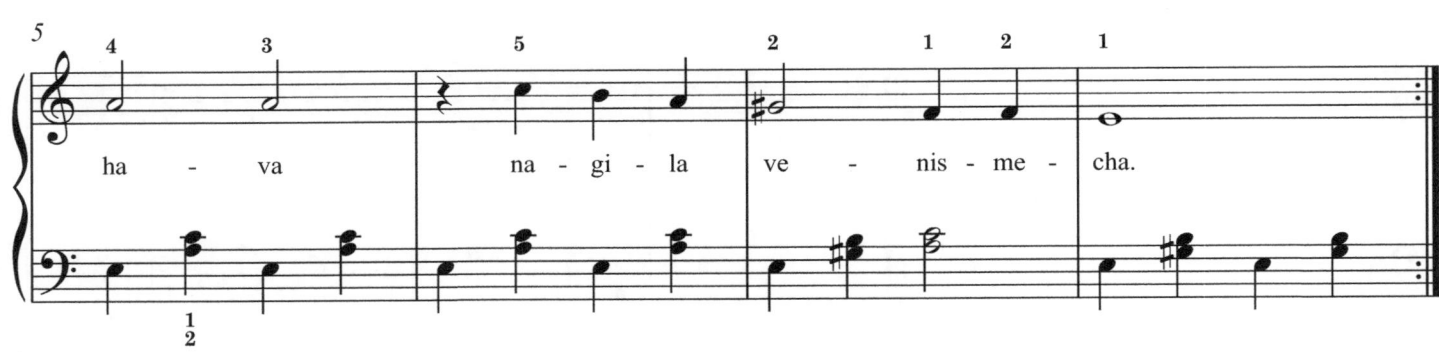

ha - va na - gi - la ve - nis - me - cha.

Ha - va ne - ra - ne - na, ha - va ne - ra - ne - na,

ha - va ne - ra - ne - na ve - nis - me - cha.

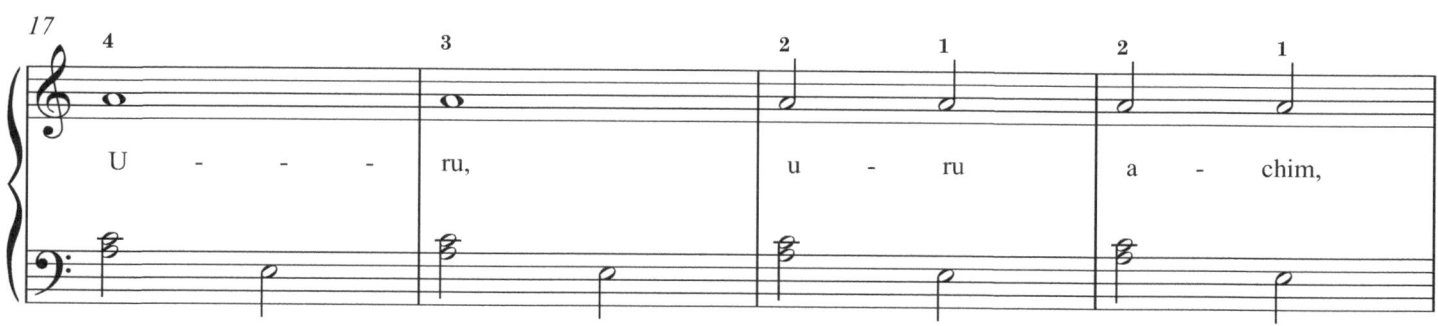

U - - - ru, u - ru a - chim,

u - ru a - chim be- lev sa - me- ach, u - ru a - chim be- lev sa - me - ach,

u - ru a - chim be- lev sa - me- ach, u - ru a - chim be- lev sa - me- ach,

molto rit.

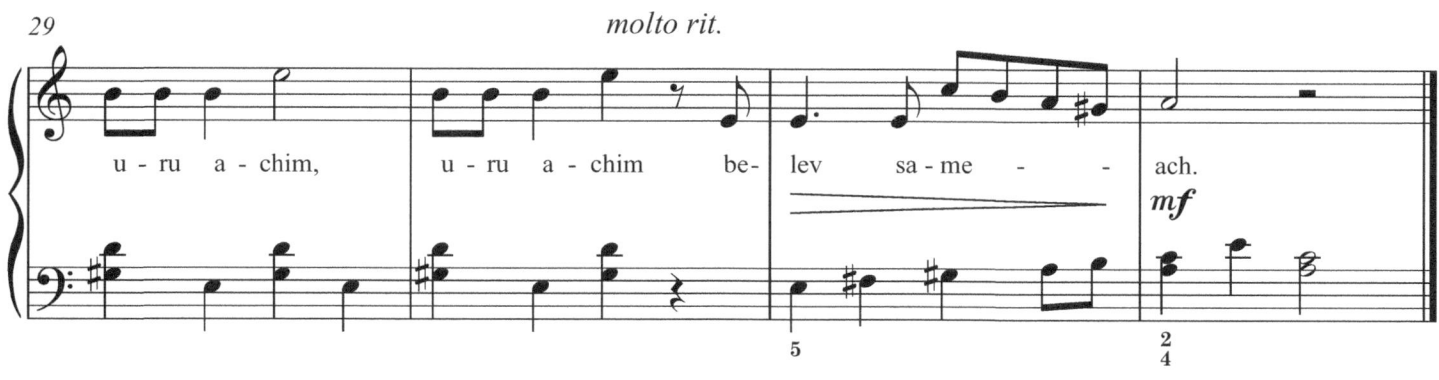

u - ru a - chim, u - ru a - chim be- lev sa - me - ach.

mf

He's Got the Whole World in His Hands

Traditional Spiritual
Arr.: Hans-Günter Heumann

Joshua Fit the Battle of Jericho

Traditional Spiritual
Arr.: Hans-Günter Heumann

La Paloma

Sebastián de Yradier
Arr.: Hans-Günter Heumann

Londonderry Air

Traditional / Irland / The Irish Republik / L'Irlande
Arr.: Hans-Günter Heumann

Matilda
Harry Belafonte

Traditional / Caribbean
Arr.: Hans-Günter Heumann

Nobody Knows the Trouble I've Seen

Traditional Spiritual
Arr.: Hans-Günter Heumann

Oh, Happy Day

Traditional Gospel
Arr.: Hans-Günter Heumann

D.S. al Coda

Plaisir d'amour

Words: Jean Clarisse de Florian (1755-1794)
Music: Jean Paul Martini (1741-1816)
Arr.: Hans-Günter Heumann

Rock My Soul

Traditional Spiritual
Arr.: Hans-Günter Heumann

Santa Lucia

Traditional / Italien / Italy / L'Italie
Arr.: Hans-Günter Heumann

Sul ma-re luc-ci-ca l'a-stro d'ar-gen-to, pla-ci-da è l'on-da, pro-spe-ro è il ven-to. Ve-ni-te all' a-gi-le bar-chet-ta mi-a San-ta___ Lu-ci-a!

1. San-ta Lu-ci-a!

2. San-ta Lu-ci-a!

Should Auld Acquaintance

Traditional / Schottland / Scotland / L'Écosse
Text: Robert Burns (1759-1796)
Arr.: Hans-Günter Heumann

Sloop John B.

Traditional / Bahamas
Arr.: Hans-Günter Heumann

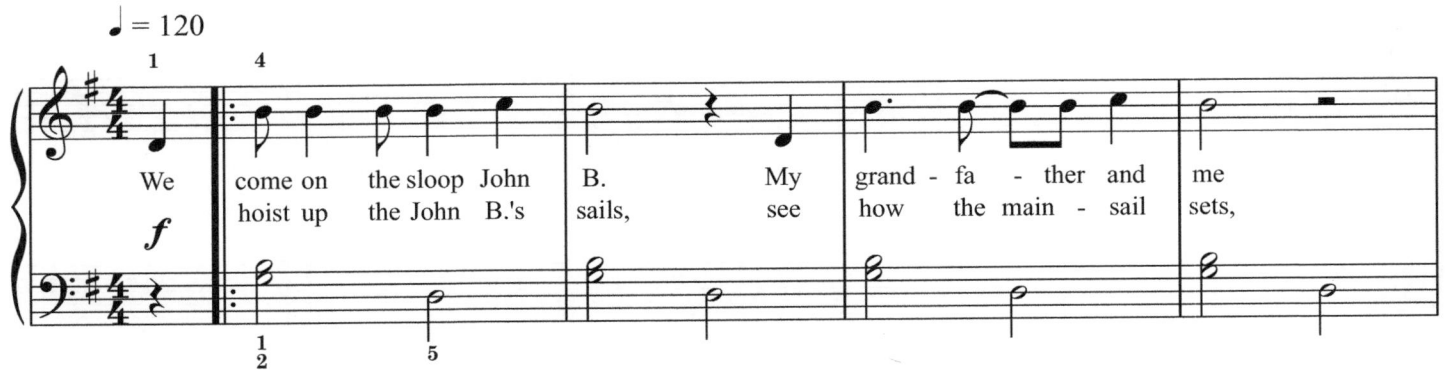

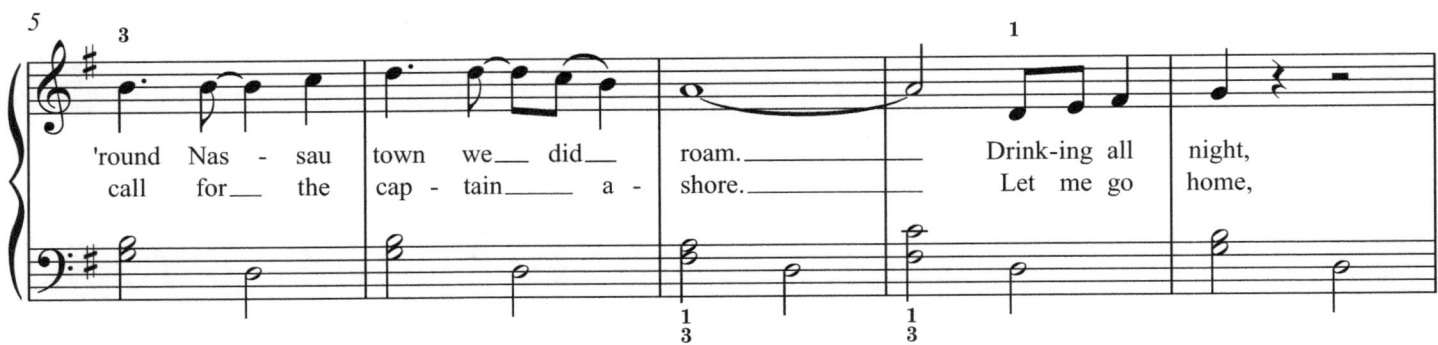

St. James Infirmary

Traditional / USA
Arr.: Hans-Günter Heumann

It was down in old Joe's bar-room, on a cor-ner by the square. The

drinks were served as u-sual, and the u-sual crowd was there. Let her

go, let her go, God bless her, wher-ev-er she may be; she may

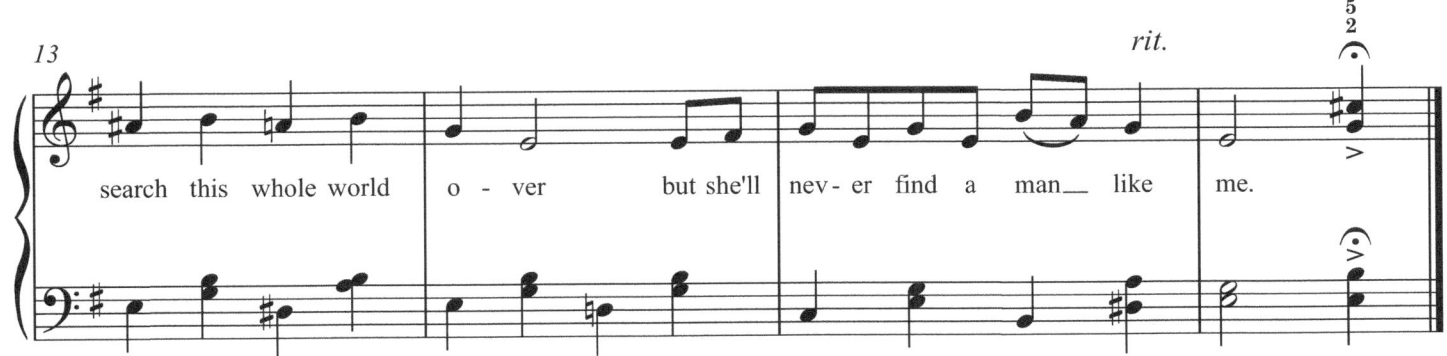

search this whole world o-ver but she'll nev-er find a man like me.

Swanee River
Old Folks At Home

Stephen Collins Foster
Arr.: Hans-Günter Heumann

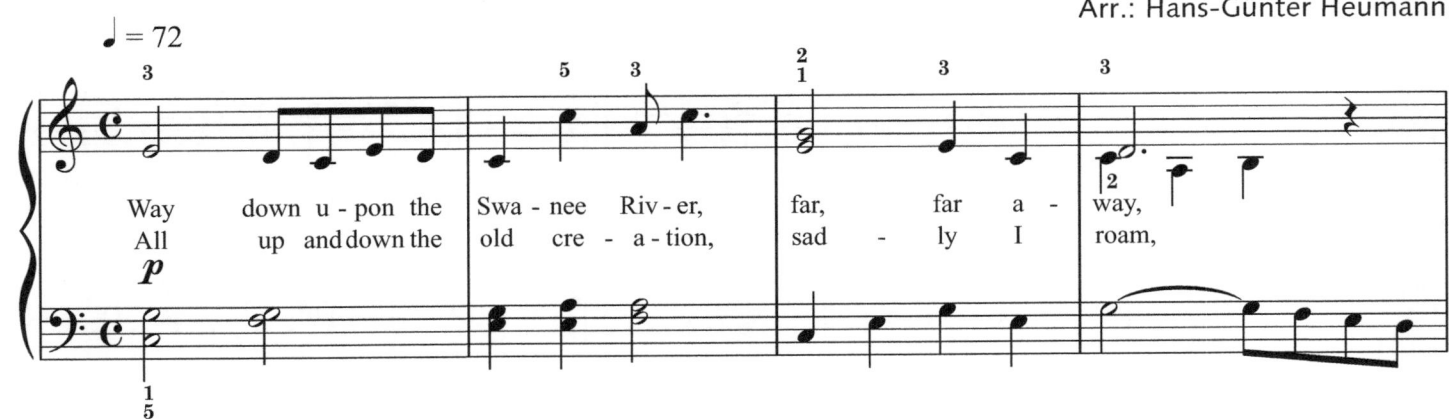

Way down u-pon the Swa-nee Riv-er, far, far a-way,
All up and down the old cre-a-tion, sad-ly I roam,

there's where my heart is turn-ing ev-er, there's where the old folks stay.
still long-ing for the old plan-ta-tion and for the old folks at home.

All the world is sad and drea-ry, ev-'ry-where I roam.
cresc.

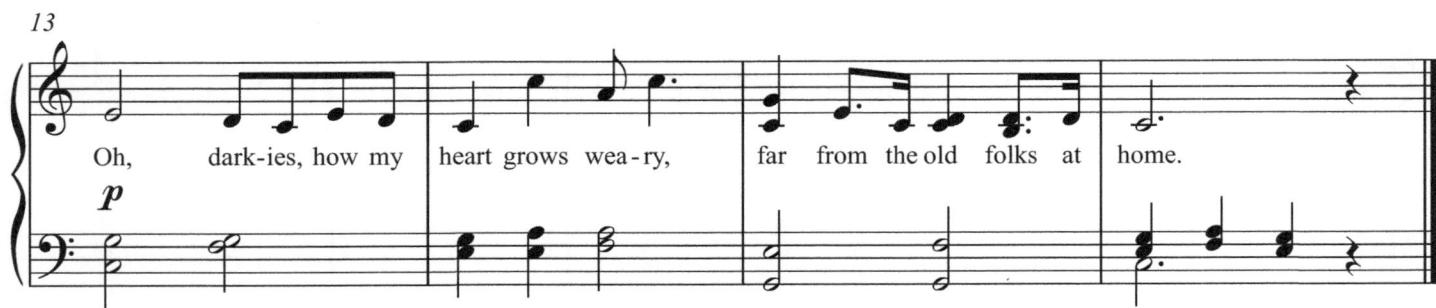

Oh, dark-ies, how my heart grows wea-ry, far from the old folks at home.

Swing Low, Sweet Chariot

Traditional / USA
Arr.: Hans-Günter Heumann

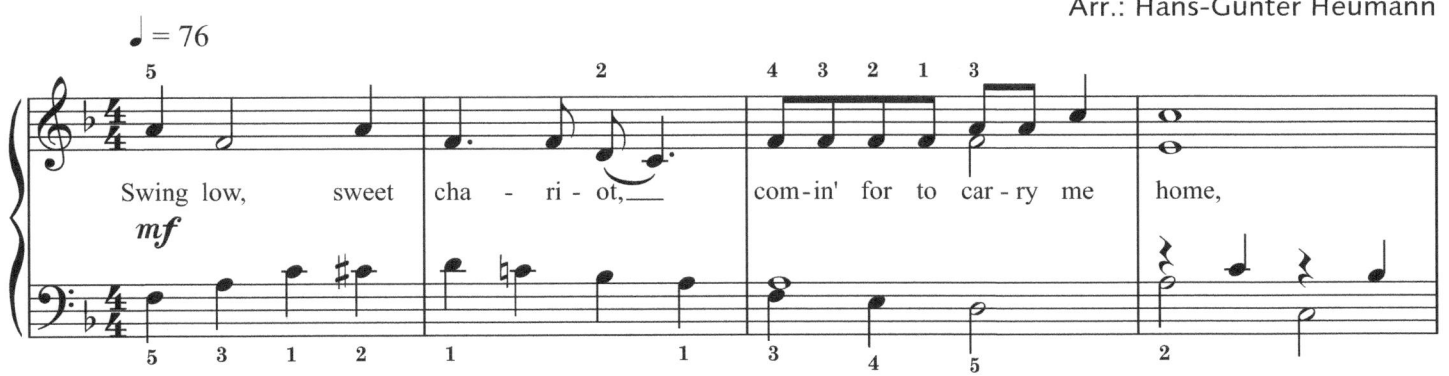

Swing low, sweet cha - ri - ot,___ com-in' for to car-ry me home,

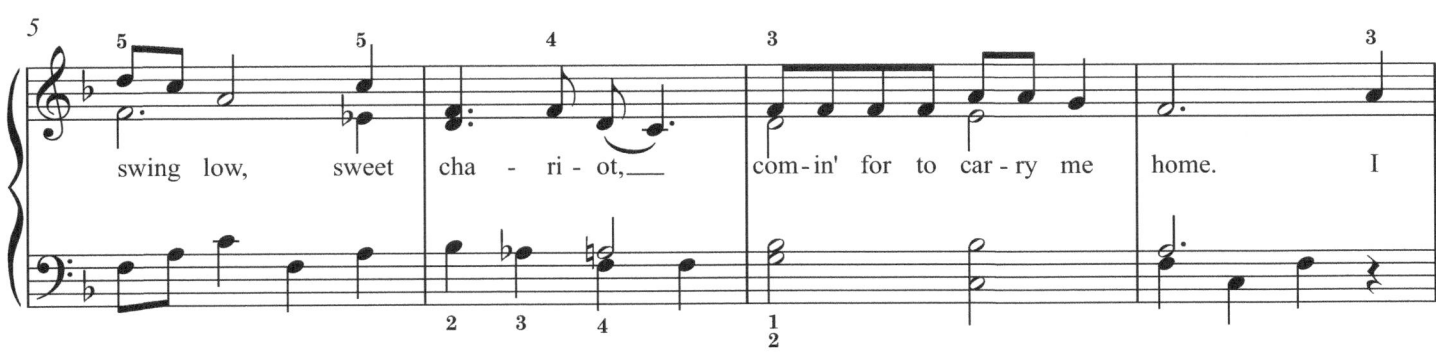

swing low, sweet cha - ri - ot,___ com-in' for to car-ry me home. I

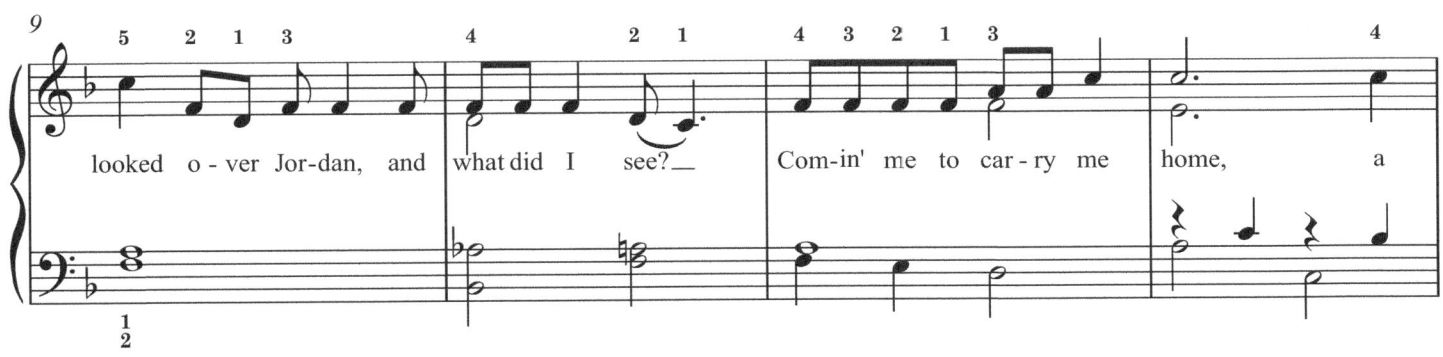

looked o - ver Jor-dan, and what did I see?___ Com-in' me to car-ry me home, a

band___ of an - gels com-in' af - ter me,___ com-in' for to car-ry me home.

The Gospel Train

Traditional / Spiritual
Arr.: Hans-Günter Heumann

The Wild Rover

Traditional / Irland / The Irish Republik / L'Irlande
Arr.: Hans-Günter Heumann

Wade in the Water

Traditional / USA
Arr.: Hans-Günter Heumann

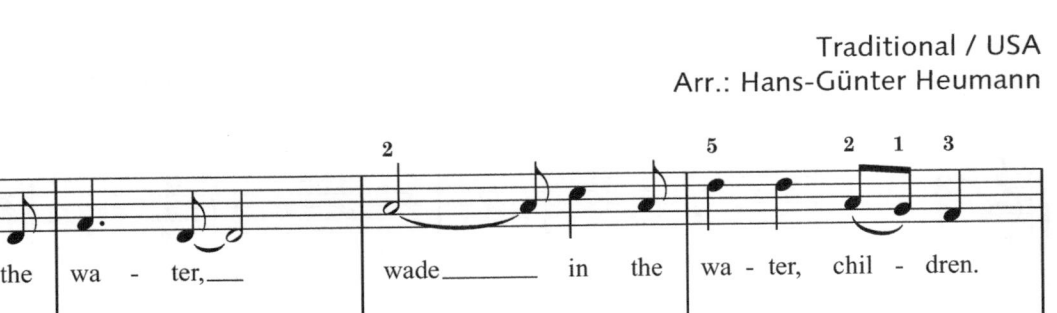

Wade___ in the wa - ter,___ wade___ in the wa - ter, chil - dren.

Wade___ in the wa - ter,___ God's a gon-na trou-ble the wa - ter.___

See that band all dressed in___ red.___ God's a gon-na trou-ble the wa - ter.___

Must_ be the chil - dren that Mo - ses led,___ God's a gon-na trou-ble the wa - ter.___

What Shall We Do With the Drunken Sailor

Traditional / England / L'Angleterre
Arr.: Hans-Günter Heumann

When Israel Was in Egypt's Land

Traditional Spiritual
Arr.: Hans-Günter Heumann

When the Saints Go Marching In

Traditional / American Gospel Hymn
Arr.: Hans-Günter Heumann

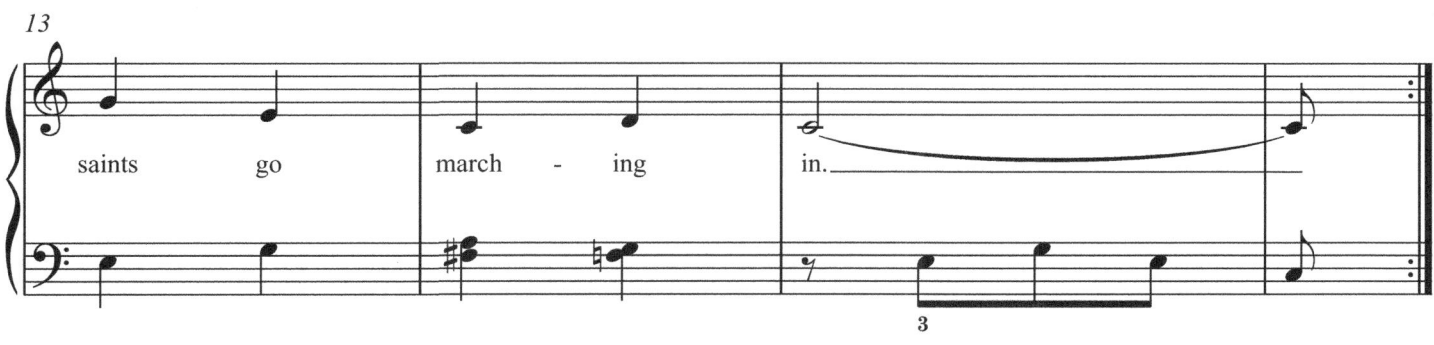

Worried Man Blues

Traditional / USA
Arr.: Hans-Günter Heumann

It takes a wor - ried man to sing a wor - ried song, it takes a wor - ried man to sing a wor - ried song, it takes a wor - ried man to sing a wor - ried song, I'm wor - ried now, but I won't be wor - ried long.